Die Sanktions- und die Publikationsfrist für Gesetze

nach deutschem Reichs- und Landesstaatsrecht nebst einem Überblick über die Bestimmungen ausländischer Verfassungen.

Von

Dr. iur. Ernst Pabst,
Darmstadt.

Berlin 1909.
J. Guttentag, Verlagsbuchhandlung,
G. m. b. H.

Inhaltsverzeichnis.

Einleitung.

Erster Teil:

Übersicht über die in den deutschen und in ausländischen Verfassungen enthaltenen Fristbestimmungen für Sanktion und Publikation.

Zweiter Teil:

Wann müssen mangels einer Fristbestimmung nach deutschem Reichs- und Landesstaatsrecht Sanktion und Publikation vorgenommen werden?

I. Kapitel:

Die Fristentheorien und ihre Begründung.

II. Kapitel:

Widerlegung der Fristentheorien. Nachweis der zeitlichen Unbegrenztheit des Sanktionsrechts und der rechtlichen Notwendigkeit alsbaldiger Publikation.

Literaturübersicht.

Anschütz, Gerhard: Die gegenwärtigen Theorien über den Begriff der gesetzgebenden Gewalt und den Umfang des königlichen Verordnungsrechts nach preußischem Staatsrecht, 2. Aufl., Tübingen und Leipzig, 1901.

— Deutsches Staatsrecht, in v. Holtzendorffs Enzyklopädie der Rechtswissenschaft, 6. Aufl., herausgegeben von Kohler, Leipzig u. Berlin, 1904.

— Artikel in der Täglichen Rundschau, 1904 Nr. 135 (Ist die Aufhebung des § 2 des Jesuitengesetzes staatsrechtlich zulässig?).

— cf. auch unter Georg Meyer.

Arndt, Adolf: Das Staatsrecht des Deutschen Reiches, Berlin, 1901.

— Die Verfassung des Deutschen Reiches, Berlin, 1. Aufl. 1895; 2. Aufl. 1902; 3. Aufl. 1907.

— Die Verfassungsurkunde für den Preußischen Staat, Berlin, 3. Aufl. 1894; 4. Aufl. 1900; 5. Aufl. 1904; 6. Aufl. 1907.

— Artikel in der Täglichen Rundschau, 1904 Nr. 135 (Ist die Aufhebung des § 2 des Jesuitengesetzes staatsrechtlich zulässig?)

— „Gesetzesauslegung und -Anwendung. Zur Frage der Gesetzessanktion" in der Zeitschrift „Das Recht", VIII. Jahrgang, 1904, Nr. 8.

Binding, Karl: „Die Nichtigkeit des neuen Jesuitengesetzes vom 8. März 1904", National-Zeitung, 1904 Nr. 186.

Bitzer: Regierung und Stände in Württemberg. Stuttgart, 1882.

Bluntschli, J. C. und **Brater**, K.: Deutsches Staatswörterbuch. Stuttgart und Leipzig, 1857—1870.

Bornhak, Konrad: Preußisches Staatsrecht. Freiburg, 1888—1893.

— „Die Rechtsgültigkeit der Aufhebung des § 2 des Jesuitengesetzes". National-Zeitung, 1904 Nr. 195.

Burger, Wilhelm: „Die angebliche Nichtigkeit des neuen Jesuitengesetzes vom 8. März 1904". Allgemeine Rundschau, Wochenschrift für Politik und Kultur, 1. Jahrgang, 1904 Nr. 2, 3 und 4.

Cosack, Konrad: Das Staatsrecht des Großherzogtums Hessen, im H. d. ö. R., Bd. III, Halbbd. I, Abt. 4. 2. Aufl., 1894.

Dorner, Emil: Das Badische Ausführungsgesetz zum Bürgerlichen Gesetzbuch. Karlsruhe, 1902.

Fleischmann, Max: Der Weg der Gesetzgebung in Preußen. (Brie: Abhandlungen aus dem Staats- und Verwaltungsrecht, Heft 1.) Breslau, 1898.

Frormann, Walter: „Eine Streitfrage aus dem Rechte des konstitutionellen Gesetzgebungsverfahrens". Archiv für öffentliches Recht, Bd. XIV (1899).

Gaupp, Ludwig: Das Staatsrecht des Königreichs Württemberg. H. d. ö. R., Bd. III, Halbbd. I, Abt. 2, 1. Aufl. 1884; 2. Aufl. 1895.

Geffcken, Heinrich: „Eine authentische Interpretation der Reichsverfassung". Kölnische Zeitung, 1904 Nr. 322.

Geiershöfer, Karl: Das geltende deutsche Wucherrecht mit besonderer Berücksichtigung des Gesetzes vom 19. Juni 1893. Nürnberg, 1894.

v. Gerber, Karl, Friedrich: Grundzüge eines Systems des deutschen Staatsrechts. Leipzig, 1. Aufl. 1865; 2. Aufl. 1869; 3. Aufl. 1880.

Ghillany, F. W.: Diplomatisches Handbuch. Nördlingen 1855.

Göz, Karl: Das Staatsrecht des Königreichs Württemberg. H. d. ö. R., Bd. III, Halbbd. I, Abt. 2, 3. Aufl. 1904; und im ö. R. d. G. Bd. II, 1908.

— Die Verfassungsurkunde für das Königreich Württemberg. Tübingen, 1906.

Held, Joseph: System des Verfassungsrechts der monarchischen Staaten Deutschlands. Würzburg, 1856/57.

Henle, Wilhelm: Die Wuchergesetze vom 24. Mai 1880 und 19. Juni 1893. München, 1894.

Hiersemenzel, E.: Die Verfassung des Norddeutschen Bundes. I. Teil (Die Verfassungsurkunde). Berlin, 1867. — II. Teil: Das Verfassungs- und Verwaltungsrecht des Norddeutschen Bundes und des Deutschen Zoll- und Handelsvereins. Bd. I und II, 1 u. 2. Berlin, 1868—1870.

v. Jagemann, Eugen: Die deutsche Reichsverfassung. Heidelberg, 1904.

Jastrow, Ignaz: „Die Ungültigkeit des Wuchergesetzes", in der Zeitschrift „Die Nation", 10. Jahrgang (1892/93), Nr. 42.

Jellinek, Georg: Gesetz und Verordnung. Freiburg, 1887.

Kahl: Tägliche Rundschau, 1904 Nr. 127 (Ist die Aufhebung des § 2 des Jesuitengesetzes staatsrechtlich zulässig?).

Kleine, Anton: Besteht eine Zeitgrenze für die verfassungsmäßige Zustimmung des Bundesrats zu den vom Reichstag beschlossenen Gesetzentwürfen? Berlin, 1905 (Dissertation).

Kölnische Zeitung, 1904 Nr. 300: „Eine Lücke der Reichsverfassung". (Verfasser nicht genannt.)

Laband, Paul: Das Staatsrecht des Deutschen Reiches. 1. Aufl. 1876—1882; 2. Aufl. 1888—1891; 3. Aufl. 1895; 4. Aufl. 1901.

— Deutsches Reichsstaatsrecht, im ö. R. d. G., Bd. I, 1907.

— „Die Aufhebung des § 2 des Jesuitengesetzes". Deutsche Juristen-Zeitung, IX. Jahrgang, 1904 Nr. 7.

v. Martitz, Notiz in der National-Zeitung, 1904 Nr. 180.

Meyer, Georg: Lehrbuch des deutschen Staatsrechts. Leipzig, 1. Aufl. 1878; 2. Aufl. 1885; 3. Aufl. 1891; 4. Aufl. 1895; 5. Aufl. 1899; 6. Aufl. bearbeitet von Anschütz, 1905.

— Der Anteil der Reichsorgane an der Reichsgesetzgebung (in der Festgabe der jur. Fakultät der Universität Jena für R. v. Gneist). Jena, 1888.

v. Mohl, Robert: Das deutsche Reichsstaatsrecht. Tübingen, 1873.

Moser, Johann, Jakob: Teutsches Staatsrecht. Nürnberg, Frankfurt, Leipzig usw. 1737—1754.

Müller-Meiningen: „Zur Aufhebung des § 2 des Jesuitengesetzes. Eine alte Streitfrage aus dem deutschen Verfassungsrechte". Annalen des Deutschen Reiches für Gesetzgebung, Verwaltung und Volkswirtschaft, 37. Jahrgang, 1904 Nr. 4.

— „Nochmals zur Aufhebung des § 2 des Jesuitengesetzes". Vossische Zeitung, 1904 Nr. 191, 13. Beilage.

v. Rönne, Ludwig: Das Verfassungsrecht des Deutschen Reiches. 1. Aufl., Leipzig, 1872; 2. Aufl. (unter dem Titel: Das Staatsrecht des Deutschen Reiches), Leipzig, 1876/77.

— Das Staatsrecht der preußischen Monarchie. Leipzig, 1. Aufl. 1856—1863; 2. Aufl. 1864—1865; 3. Aufl. 1869—1872; 4. Aufl. 1881—1884; 5. Aufl., bearbeitet von Zorn, 1899—1906.

Rosin, Heinrich: Das Polizeiverordnungsrecht in Preußen. 1. Aufl. Breslau 1882; 2. Aufl. Berlin 1895.

v. Roth, Paul: System des deutschen Privatrechts. Tübingen, 1880—1886.

v. Rotteck, Karl, und Welcker, Karl: Staatslexikon oder Enzyklopädie der Staatswissenschaften. Altona, 1834—1848.

v. Sarwey, O.: Das Staatsrecht des Königreichs Württemberg. Tübingen, 1883.

Schulze, Hermann: Lehrbuch des deutschen Staatsrechts. Leipzig, 1881—1886.

— Das preußische Staatsrecht. Leipzig, 1. Aufl. 1872—1877; 2. Aufl. (v. Schulze-Gävernitz), 1888—1890.

Schwartz, E.: Die Verfassungsurkunde für den Preußischen Staat. 2. Ausgabe, Breslau, 1898.

Seuffert, Hermann: „Die deutsche Strafgesetzgebung im Jahre 1893", Abschnitt IX: „Bezüglich des Wucher- und des Verratsgesetzes ist noch die staatsrechtliche Frage der Gültigkeit zu beantworten". Zeitschrift für die gesamte Strafrechtswissenschaft, Bd. 14, 1894.

v. Seydel, Max: Kommentar zur Verfassungsurkunde für das Deutsche Reich. 1. Aufl. Würzburg 1873; 2. Aufl. Freiburg und Leipzig 1897.

— „Der deutsche Bundesrat" im Jahrbuch für Gesetzgebung, Verwaltung und Volkswirtschaft, Bd. III (1879).

— Bayerisches Staatsrecht. Freiburg und Leipzig, 1. Aufl. 1884—1894; 2. Aufl. 1896.

v. Stengel, Karl: Das Staatsrecht des Königreichs Preußen. H. d. ö. R., Bd. II, Halbb. III, 2. Aufl. 1894.

Wach, Adolf; Notiz in der Täglichen Rundschau, 1904 Nr. 125 (Ist die Aufhebung des § 2 des Jesuitengesetzes staatsrechtlich haltbar?).

Walz, Ernst: Das Staatsrecht des Großherzogtums Baden im ö. R. d. G., Bd. V, 1909.

Wielandt, Friedrich: Das Staatsrecht des Großherzogtums Baden. H. d. ö. R., Bd. III, Halbbd. I, Abt. 3, 2. Aufl., 1895.

Zachariä, Heinrich, Albert: Deutsches Staats- und Bundesrecht. Göttingen, 1. Aufl. 1841—1845; 2. Aufl. 1853—1854; 3. Aufl. 1865—1867.

Zöpfl, Heinrich: Grundsätze des allgemeinen und des konstitutionell-monarchischen Staatsrechts mit Rücksicht auf das gemeingültige Recht in Deutschland. Heidelberg, 1. Aufl. 1841; 2. Aufl. 1841; 3. Aufl. 1846; Leipzig und Heidelberg, 4. Aufl. (unter dem Titel: Grundsätze des allgemeinen und deutschen Staatsrechts), 1855/56; 5. Aufl. (unter dem Titel: Grundsätze des gemeinen deutschen Staatsrechts), 1863.

— Die spanische Sukzessionsfrage. Heidelberg, 1839.

Zorn, Philipp: Das Staatsrecht des Deutschen Reiches. Berlin, 1. Aufl. 1880—1883; 2. Aufl. 1895—1897.

— cf. auch unter v. Rönne.

Perels, K.: Das autonome Reichstagsrecht. Berlin, 1903 (enthaltend die Geschäftsordnung des deutschen Reichstags).

Geschäftsordnung des preußischen Herrenhauses (in der Fassung vom 12. Juni 1892).

Plate, A.: Die Geschäftsordnung des preußischen Abgeordnetenhauses. Berlin, 1903.

Lauter, Franz: Preußens Volksvertretung in der Zweiten Kammer und im Hause der Abgeordneten von Februar 1849 bis Mai 1877. Berlin (ohne Jahr).

Binding, Karl: Deutsche Staatsgrundgesetze in diplomatisch genauem Abdrucke. Leipzig, 1892 ff.

Dareste, F. R.: Les constitutions modernes. Paris, 1883.

Pölitz, K. H. L.: Die europäischen Verfassungen seit dem Jahre 1789 bis auf die neueste Zeit. 2. Aufl., Leipzig, 1832/33; fortgesetzt von Bülau, Friedrich, Leipzig, 1847.

Schubert, F. W.: Die Verfassungsurkunden und Grundgesetze. Bd. I: „Großbritannien und Irland. Nordamerikanische Freistaaten. Frankreich". Königsberg, 1848.

Stoerk, Felix: Handbuch der deutschen Verfassungen. Leipzig, 1884.

Zachariä, Heinrich, Albert: Die deutschen Verfassungsgesetze der Gegenwart. Göttingen, 1855—1862.

Belgien:

Thonissen, J. J.: La Constitution Belge annotée. 3. éd., Bruxelles, 1879.

Vauthier, Maurice: Das Staatsrecht des Königreichs Belgien. H. d. ö. R., Bd. IV, Halbbd. I, Abt. 5, 1892.

Dänemark:

Danmarks Riges Grundlov (vom 5. Juni 1849). Kjobenhavn, 1849.

Staatsgrundgesetz für das Königreich Dänemark (vom 5. Juni 1849). Aus dem Dänischen. Kiel, 1849.

Love og Anordninger, samt andre offentlige Kundgjørelser Danmarks Lovgivning vedkommende for Aaret 1866. Koppenhagen, 1867.

Goos, C., und Hansen, Hendrik: Das Staatsrecht des Königreichs Dänemark. H. d. ö. R., Bd. IV, Halbbd. II, Abt. 3, 1889.

England:

Hatschek, Julius: Englisches Staatsrecht. H. d. ö. R., Bd. IV, Halbbd. II, Abt. 4. 1905/06.

May, Thomas, Erskine: Das englische Parlament und sein Verfahren. 4. Aufl., übersetzt und bearbeitet von Oppenheim. Leipzig, 1860.

Cohen, Gottfried: Die Verfassung und Geschäftsordnung des englischen Parlaments. Hamburg, 1861.

Frankreich:

Hélie, M. Faustin-Adolphe: Les constitutions de la France. Paris, 1875—1879.

Bulletin des lois de la République Française. XII. série (2. semestre de 1875), Tome XI. Paris, 1876.

Lebon, André: Das Staatsrecht der französischen Republik. H. d. ö. R., Bd. IV, Halbbd. I, Abt. 6. 1886.

Griechenland:

Εφημερίς τῆς Κυβερνήσεως τοῦ Βασιλείου τῆς Ἑλλάδος. Athen, 1864.

Japan:

The Constitution of the Empire of Japan: Law of the Houses (in Japan erschienene englische Übersetzung ohne Orts- und Jahresangabe).

Brunn: Die Japanische Verfassungsurkunde. Leipzig, 1898.

Italien:

Urtoller, Giovanni: Lo statuto fondamentale del regno d'Italia. Cesena e Firenze, 1881—1888.

Brusa, E.: Das Staatsrecht des Königreichs Italien. H. d. ö. R., Bd. IV, Halbbd. I, Abt. 7. 1892.

Luxemburg:

Eyschen, P.: Das Staatsrecht des Großherzogtums Luxemburg. H. d. ö. R., Bd. IV, Halbbd. I, Abt. 4. 1890.

Niederlande:

Alemannus: Grundgesetz des Königreichs der Niederlande. Ellwangen, 1855.

Staatsblad van het Koninkrijk der Nederlanden. Jahrgang 1887.

de Hartog, L.: Das Staatsrecht des Königreichs der Niederlande. H. d. ö. R., Bd. IV, Halbbd. I, Abt. 4. 1886.

Norwegen:

Kongeriget Norges Grundlov og øvrige Forfatningsdokumenter. Kristiania, 1903.

Aschehoug, T. H.: Das Staatsrecht der vereinigten Königreiche Schweden und Norwegen. H. d. ö. R., Bd. IV, Halbbd. II, Abt. 2. 1886.

Österreich:

Ulbrich, Joseph: Lehrbuch des österreichischen Staatsrechts. Berlin, 1883.
— Das Staatsrecht der österreichisch-ungarischen Monarchie. H. d. ö. R., Bd. IV, Halbbd. I, Abt. 1. 1884.

Portugal:

Collecçâo de todas as Leis, Alvarás, Decretos etc. Folheto VI, Lisbao, 1826.

Tavares de Medeiros, J. J.: Das Staatsrecht des Königreichs Portugal. H. d. ö. R., Bd. IV, Halbbd. I, Abt. 9. 1892.

Schweden:

Hagman, K.: Sveriges Grundlagar. Stockholm, 1902.

Aschehoug, T. H.: siehe unter Norwegen.

Ungarn:

Landes-Gesetzsammlung (herausgegeben vom königl. ungarischen Ministerium des Innern) für das Jahr 1881. Budapest, 1881.

Ulbrich, Joseph: siehe unter Österreich.

Vereinigte Staaten von Amerika:

v. Holst, H.: Das Staatsrecht der Vereinigten Staaten von Amerika. H. d. ö. R., Bd. IV, Halbbd. I, Abt. 3. 1885.

Stenographische Berichte über die Verhandlungen des Reichstags
a) des Norddeutschen Bundes, I. Leg.-Per.,
b) des Deutschen Reiches, I. und XI. Leg.-Per.

Verhandlungen der Württembergischen Kammer der Abgeordneten in den Jahren 1854 und 1855 (19. Landtag).

Verhandlungen der Ständeversammlung des Großherzogtums Baden in den Jahren 1869 und 1870 (24. Landtag).

Abkürzungen:

H. d. ö. R. = Handbuch des öffentlichen Rechts der Gegenwart, herausgegeben von Marquardsen.

ö. R. d. G. = Das öffentliche Recht der Gegenwart, herausgegeben von Jellinek, Laband und Piloty.

Einleitung.

§ 1.

A. Weg der Gesetzgebung. Begriffe der Sanktion und der Publikation.

I. Wie die physische Person kann auch die juristische, kann auch der Staat seinen Willen bilden und äußern. Zwar sind im Gegensatz zu der Willensbildung der physischen Person an derjenigen des Staates — von der absoluten Monarchie abgesehen — eine Mehrheit von Einzelwillen, d. h. von Willen verschiedener in einem oder mehreren Organen vereinigter physischer Personen, beteiligt. Dennoch stellt sich der von diesen erzeugte Wille als ein einheitlicher, als der Staatswille dar. Der Staatswille aber ist ein Ausfluß der Staatsgewalt, und demnach ist Träger dieses Staatswillens und damit auch Träger der Gesetzgebung als der in einer bestimmten, durch die Verfassung festgesetzten Form erfolgenden Äußerung des Staatswillens der Träger der Staatsgewalt.

Der Akt nun, durch welchen der Träger der Staatsgewalt als Träger der Gesetzgebung den in seinem freien Belieben stehenden entscheidenden Entschluß faßt, daß der Staatswille, an dessen Bildung, wie erwähnt, nach der Verfassung andere Organe beteiligt sein können und in der Regel beteiligt sind, als Gesetz ins Leben trete, ist die **Sanktion**. Ob es richtig ist, von ihr den Anteil des Trägers der Staatsgewalt an der Feststellung des „Gesetzesinhalts" begrifflich zu scheiden und unter Sanktion nur im engeren Sinne den „Gesetzesbefehl" zu verstehen,[1]) oder ob die Sanktion

[1]) wie Laband, Staatsrecht des Deutschen Reiches, 4. Aufl., Bd. II, S. 4ff. u. 26ff., und Reichsstaatsrecht im d. R. d. G. S. 108f.

beides, weil von einander nicht zu trennen, in sich vereinigt,[2]) soll hier als für die zur Entscheidung stehende Frage ohne Bedeutung unerörtert bleiben. Doch sei noch darauf hingewiesen, daß die Sanktion nur dort ein selbständiger Akt im Entwickelungsprozeß des Gesetzes ist, der zwar mit anderen Akten zeitlich zusammenfallen kann, aber nicht muß, wo der die Sanktion bildende entscheidende Entschluß in der Hand eines einzigen, — lediglich für die Bildung des Gesetzeswillens an die Zustimmung anderer Organe gebundenen — Staatsorgans ruht wie z. B. in der Hand des Landesherrn in den deutschen monarchischen Gliedstaaten oder des Bundesrats im Deutschen Reich. Anders dagegen dort, wo dieselben Organe, welche an der Bildung des Staatswillens beteiligt sind, auch dafür zuständig sind, gemeinsam den entscheidenden Entschluß zu fassen, daß der Staatswille als Gesetz ins Leben trete, wie z. B. in den Freien Städten Senat und Bürgerschaft. Hier wird der entscheidende Entschluß nicht durch den Beitritt eines Organs zu den Beschlüssen eines oder mehrerer anderer Organe gefaßt, sondern er entsteht notwendig durch die und mit den die Bildung des Willens betreffenden übereinstimmenden Beschlüssen der für die Willensbildung zuständigen Organe und muß daher mit diesen Beschlüssen in einen Akt zusammenfallen. Damit kommt in diesen Verfassungen die Sanktion als selbständiger und daher zeitlich den an der Willensbildung beteiligten, aber nicht die Entscheidung herbeiführenden Beschlüssen anderer Organe gegenüberstehender Akt in Wegfall.[3])

II. Damit nun der durch die Sanktion ins Leben gerufene Gesetzeswille denen, die er binden soll, als Gesetz erkennbar wird, bedarf er der Verkündung in der von der Verfassung vorgeschriebenen Weise, der **Publikation**. Erst durch sie erlangt das Gesetz verbindliche Kraft, erst mit ihr ist daher der Entwickelungsprozeß des Gesetzes zum Abschluß gelangt.

Die Publikation des sanktionierten Gesetzeswillens hat aber noch weitere Momente zur Voraussetzung, die zwischen Sanktion und Publikation liegen: Es muß, ehe die Bekanntmachung des

---

[2]) cf. z. B. Jellinek, Gesetz und Verordnung, S. 318 ff., bes. S. 320.

[3]) Nach Jellinek a. a. O. wird in solchen Staaten die Sanktion „durch in juristisch wahrnehmbaren Formen erscheinende Kollegialbeschlüsse" erteilt.

Gesetzes vorgenommen werden kann, geprüft werden, ob bei der Entstehung des Gesetzes die Vorschriften der Verfassung gewahrt worden sind, es muß, nachdem dies konstatiert ist, für die Veröffentlichung eine den Gesetzeswillen enthaltende Urkunde ausgefertigt und schließlich die Publikation dieser Urkunde befohlen werden. In den Staaten nun, in welchen die Publikation in den Händen desselben Organes liegt, welches auch die Sanktion erteilt, treten die erwähnten, zwischen Sanktion und Publikation liegenden Momente meist äußerlich erkennbar nicht hervor, ja sie können sogar mit der Sanktion in einen Akt zusammenfallen. Da aber Konstatierung der verfassungsmäßigen Entstehung, Ausfertigung und Anordnung der Publikation auf den sanktionierten Gesetzeswillen selbst keinen Einfluß mehr haben, vielmehr nur notwendige Folgen der Sanktion sind, um dem Gesetzeswillen Geltung zu verschaffen, brauchen sie nicht dem die Sanktion erteilenden Träger der Staatsgewalt obzuliegen, sondern können einem anderen Organe übertragen sein, was insbesondere dort der Fall ist, wo die Sanktion nicht als selbständiger Akt in den Händen eines Organs liegt.

Was nun die Frage anbetrifft, wem Konstatierung der verfassungsmäßigen Entstehung, Ausfertigung der Gesetzesurkunde und Anordnung der Publikation zustehen sollen, so treffen nur die wenigsten deutschen Verfassungen[4]) über mehrere dieser Momente ausdrückliche Bestimmungen; in der Regel beschränken sich die Verfassungen darauf, zu bestimmen, wer die Gesetze zu verkünden bzw. den Befehl zur Verkündigung zu geben hat,[5]) wobei eben die Prüfung und Ausfertigung als notwendige Voraussetzungen des Publikationsbefehls demselben Organe zustehen. —

Die erwähnten zwischen Sanktion und Publikation liegenden Momente werden auch in den aus dem französischen Staatsrecht stammenden Begriff der Promulgation zusammengefaßt, welcher sich — von einer Reihe von auswärtigen Verfassungen abgesehen — auch in einigen deutschen Verfassungsurkunden findet.[6]) Indessen

[4]) z. B. die deutsche Reichsverfassung in Art. 17.

[5]) Letzteres ist das Richtigere, da die betreffenden Organe die Verkündung nicht selbst vornehmen sondern durch ihre Behörden vornehmen lassen.

[6]) cf. die Verfassungsurkunde des Königreichs Sachsen vom 4. September 1831 § 87; die Verfassungsurkunde des Großherzogtums Baden vom 22. August 1818 § 66.

ist die Definition dieses Begriffes, dessen geschichtliche Entwickelung und staatsrechtliche Bedeutung eingehend Laband in seinem Staatsrecht des Deutschen Reiches[7]) darlegt, keine einheitliche, ja von manchen wird diesem Begriffe sogar jede Existenzberechtigung abgesprochen.[8]) Dennoch lassen sich die zwischen Sanktion und Publikation notwendig liegenden Stadien des Gesetzgebungsprozesses nicht hinwegleugnen, und es handelt sich tatsächlich nur um einen Streit um den Namen.[9])

Wo im Folgenden von Promulgation die Rede ist, ist sie der Publikation an die Seite gestellt und zwar um deswillen, weil beide auf das engste miteinander zusammenhängen, d. h. weil die Promulgation, wie erwähnt, im Grunde nur eine notwendige Voraussetzung der Publikation ist, und deshalb ihr Kernpunkt in der Erteilung des Befehls zur Publikation liegt.

---

§ 2.

B. Thema und Einteilung der Schrift.

An der Bildung des in der Form des Gesetzes zum Ausdruck kommenden Staatswillens sind, wie erwähnt, im modernen Verfassungsstaat eine Reihe von Organen beteiligt, auf Grund und in Übereinstimmung mit deren Entschließungen erst die Sanktion, soweit sie ein selbständiger Akt ist, erteilt werden kann, welche wiederum die Publikation zur notwendigen Folge hat. Dort nun, wo in dieser Weise verschiedene Organe an der Entstehung des Gesetzes beteiligt sind, entsteht mit Rücksicht auf das durch die Verfassung vorgeschriebene Zusammenwirken dieser verschiedenen Organe notwendig die Frage, innerhalb welcher Zeit der Träger der Staatsgewalt die Beschlüsse derjenigen Organe, an deren Zustimmung er gebunden ist, sanktionieren, und innerhalb welcher Zeit das mit der Publikation betraute Organ den sanktionierten Gesetzeswillen publizieren, bzw. die zur Publikation nötigen Akte vornehmen kann oder muß.

---

[7]) 4. Aufl., Bd. II S. 15 ff.

[8]) cf. z. B. Meyer, Staatsrecht des Deutschen Reiches, 6. Aufl., bearbeitet von Anschütz, S. 566, Anm. 8.

[9]) cf. Jellinek, a. a. O., S. 321, Anm. 11.

Diese Frage soll in der vorliegenden Abhandlung für das Staatsrecht des Deutschen Reichs und seiner Gliedstaaten behandelt werden, d. h. — unter Bezeichnung der verfassungsmäßig zuständigen Organe — die Frage, innerhalb welcher Zeit

1. im Deutschen Reiche der mit der Sanktion betraute Bundesrat die Beschlüsse des Reichstags sanktionieren, der Kaiser die sanktionierten Beschlüsse „ausfertigen und verkündigen",

2. in den monarchisch regierten Gliedstaaten der Landesherr die Beschlüsse des Landtags sanktionieren und publizieren,

3. in den Freien Städten, wo der Gesetzeswille bereits durch die übereinstimmenden Beschlüsse von Senat und Bürgerschaft entsteht, der Senat die Publikation dieses Gesetzeswillens vornehmen kann oder muß.

Da nun eine Reihe von deutschen Verfassungen über diese Frage positive Bestimmungen treffen, der andere und zwar bei weitem größte Teil sich aber irgendwelcher Bestimmungen darüber enthält, ergibt sich notwendig eine Gliederung der Schrift in zwei Teile:

einen ersten Teil, welcher einen Überblick über die in den Verfassungen vorhandenen Bestimmungen über die Sanktions- und Publikationsfrist und da, wo die Fristbestimmung nicht expressis verbis enthalten ist, sondern nur aus anderen Bestimmungen gefolgert werden muß, eine Untersuchung dieser Bestimmungen geben soll,

und einen zweiten Teil, der die Frage für diejenigen deutschen Verfassungen behandelt, welche eine Fristbestimmung überhaupt nicht oder nicht für die Sanktion oder die Publikation kennen, und der, weil für diese Verfassungen die Frage zu einer der bestrittensten des deutschen Staatsrechts gehört, die verschiedenen Theorien darstellen und eine Kritik derselben geben soll.

Dabei sei noch bemerkt, daß der Überblick über die eine Sanktions- oder Publikationsfrist enthaltenden Verfassungen nicht auf die Verfassungen der deutschen Staaten beschränkt, sondern die Untersuchung in diesem Punkt über das Thema der Abhandlung hinaus auf die Verfassungen aller bedeutenden Staaten Europas und der politisch entwickeltsten außereuropäischen, nämlich der Vereinigten Staaten von Amerika und Japans, ausgedehnt wurde. Es geschah dies nicht in der Absicht, aus den in jenen Staaten vorhandenen Fristbestimmungen etwa die Dauer einer Sanktions- und Publikationsfrist in den deutschen Staaten, welche ausdrückliche Bestimmungen hierüber nicht enthalten, zu folgern; denn für solche Schlußfolgerungen beruhen die meisten jener ausländischen Verfassungen auf zu verschiedener Grundlage im Vergleich zu den deutschen Verfassungen. Sondern durch diese Untersuchung sollte nur festgestellt werden, ob die ausländischen Verfassungen ebenso wie die meisten deutschen Verfassungen eine Fristbestimmung überhaupt nicht kennen, oder ob sie, entgegen dem Usus der deutschen Verfassungen, eine ausdrückliche Fristbestimmung für nötig erachten, wobei sich — wie vorgreifend bemerkt sei — letzteres ergeben hat.

Erster Teil.

Übersicht über die in den deutschen und in ausländischen Verfassungen enthaltenen Fristbestimmungen für Sanktion und Publikation.

§ 3.

1. Verfassungen, welche eine Fristbestimmung für die Sanktion kennen.

A. Deutsche Verfassungen.

Eine Reihe von Verfassungen deutscher Bundesstaaten, nämlich diejenigen der Königreiche Bayern,[1]) Sachsen,[2]) der Großherzogtümer Hessen,[3]) Oldenburg,[4]) Sachsen-Weimar-Eisenach,[5]) des Herzogtums Braunschweig,[6]) der Fürstentümer Reuß ä. L.,[7]) Reuß j. L.,[8]) Waldeck[9]) und Lippe-Detmold,[10]) [11]) kennen die Einrichtung eines „Landtags-Ab-

---

[1]) Gesetz, den Geschäftsgang des Landtags betreffend, vom 19. Januar 1872, § 40.

[2]) Verfassungsurkunde vom 4. September 1831, § 119.

[3]) Verfassungsurkunde vom 17. Dezember 1820, Art. 101, und Gesetz, die landständische Geschäftsordnung betreffend, vom 17. Juni 1874, Art. 57.

[4]) Revidiertes Staatsgrundgesetz vom 22. November 1852, Art. 163.

[5]) Revidiertes Grundgesetz vom 15. Oktober 1850, § 34.

[6]) Neue Landschaftsordnung vom 12. Oktober 1832, § 148.

[7]) Gesetz, die Verfassung des Fürstentums betreffend, vom 28. März 1867, § 85.

[8]) Revidiertes Staatsgrundgesetz vom 14. April 1852, § 96.

[9]) Verfassungsurkunde vom 17. August 1852, § 53.

[10]) Verordnung, die landständische Verfassungsurkunde betreffend, vom 6. Juli 1836, § 32.

[11]) früher — heute jedoch nicht mehr — auch das Fürstentum Schwarzburg-Sondershausen (Landesgrundgesetz vom 24. September 1841, § 193) und das frühere Kurfürstentum Hessen (Verfassungsurkunde vom 13. April 1852, § 67).

schiedes". Entstanden aus den bis 1654 üblichen Reichstagsabschieden des alten deutschen Reichstags hatten die älteren Landtagsabschiede nach Form und Inhalt die Natur von Verträgen zwischen Landesherrn und Ständen, und es hat sich die vertragsähnliche Form noch in dem Wortlaut der Bestimmungen mancher konstitutionellen Verfassungen, z. B. der Verfassung Braunschweigs,[12]) erhalten. Inhaltlich aber stellt sich der Landtagsabschied des modernen konstitutionellen Verfassungsrechts lediglich noch dar als eine bei Schluß des Landtags erfolgende Erklärung des Landesherrn über die Ergebnisse des verflossenen Landtags.[13]) Er enthält daher in erster Linie eine Angabe darüber, welchen die Gesetzgebung betreffenden Beschlüssen des Landtags der Landesherr zugestimmt hat oder zustimmt und welchen er seine Zustimmung versagt hat oder versagt. Aber soweit aus dem Wortlaut der Verfassung nicht etwas anderes hervorgeht, bleibt dem Landesherrn auch die Möglichkeit, in dem Landtagsabschied seine Entschließung auf die Beschlüsse des Landtags auszusetzen, bzw. sich vorzubehalten, und mithin die Sanktion auch noch nach Erteilung des Landtagsabschiedes zu vollziehen. Ich vermag daher nicht wie Müller-Meiningen,[14]) Kleine,[15]) anscheinend auch Zöpfl,[16]) Binding[17]) und Frormann[18]) in der bloßen Verfassungsbestimmung, daß ein Landtagsabschied erlassen werden soll, eine zeitliche Begrenzung des Sanktionsrechtes des Landesherrn zu erblicken,[19]) und

---

[12]) cf. Neue Landschaftsordnung l. c.

[13]) cf. auch v. Rotteck-Welcker, Staatslexikon, Bd. 9, S. 625 ff., und Bluntschli, Staatswörterbuch, Bd. 6, S. 310.

[14]) Annalen des Deutschen Reichs, 1904, Nr. 4, S. 305.

[15]) „Besteht eine Zeitgrenze" usw., Berlin, 1905, S. 35.

[16]) Grundsätze des gemeinen deutschen Staatsrechts, 5. Aufl., Bd. II, S. 327 (§ 373, X).

[17]) National-Zeitung 1904, Nr. 186.

[18]) Archiv für öffentliches Recht, Bd. 14. (1899.) S. 506.

[19]) Gleicher Ansicht scheinen auch Anschütz, Geffcken und Cosack zu sein. Denn Anschütz (Deutsches Staatsrecht in v. Holtzendorff's Enzyklopädie, 6. Aufl., Bd. II, S. 600) und Geffcken (Kölnische Zeitung 1904, Nr. 322) heben im Anschluß an die Erwähnung der bayerischen Verfassungsbestimmung (Sanktion spätestens im Landtagsabschied) hervor, daß den übrigen (größeren) deutschen Einzelstaaten solche Zeitbestimmungen fremd seien, obwohl doch tatsächlich eine größere Anzahl von Einzelstaaten einen Landtagsabschied kennt. Cosack (Staatsrecht des Großherzogtums Hessen,

verneine daher für Hessen, Sachsen=Weimar=Eisenach, Braunschweig, Reuß j. L., Waldeck und Lippe=Detmold das Bestehen einer mit der Erteilung des Landtagsabschiedes endigenden Sanktionsfrist. —

Anders freilich verhält es sich mit denjenigen Verfassungen, welche bei der Vorschrift des Erlasses eines Landtagsabschiedes ausdrücklich erklären, oder bei denen es doch zum Mindesten aus dem Wortlaut hervorgeht, daß eine Sanktion nach Erlaß des Landtagsabschiedes ausgeschlossen sein soll, wie dies bei Bayern, Sachsen, Oldenburg und Reuß ä. L. der Fall ist:

Für **Bayern** bestimmt das Gesetz, den Geschäftsgang des Landtags betreffend, vom 19. Januar 1872 in § 40: „Der König erteilt oder verweigert den Gesetzentwürfen, welche die Zustimmung beider Kammern erhalten haben, seine Sanktion entweder sogleich nach der Vorlage eines jeden einzelnen Gesamtbeschlusses oder spätestens beim Schlusse der Versammlung im Landtagsabschiede; dasselbe geschieht hinsichtlich der Bescheidung der von den Kammern gestellten Anträge", jedoch mit einer Ausnahme: Soweit nämlich die Initiativanträge der Kammern auf Änderung oder Ergänzung der Verfassungsgesetze gerichtet sind (Verfassungsinitiative), bleibt dem König nach Art. 7 des Gesetzes, die ständische Initiative betreffend, vom 4. Juni 1848 das Recht vorbehalten, „seine definitive Entschließung über die also gefaßten Gesamtbeschlüsse auf ein Jahr zu vertagen", um — wie das Gesetz sagt — die noch notwendig erscheinenden Erhebungen und Vernehmungen inzwischen pflegen zu lassen; dabei wird diese Jahresfrist wohl von demjenigen Zeitpunkte an zu rechnen sein, mit welchem der Regel nach die Landtagsbeschlüsse spätestens zu bescheiden sind, also vom Erlaß des Landtagsabschiedes an.[20])

In den ferner genannten Verfassungen von Sachsen, Oldenburg und Reuß ä. L. ist die Bestimmung, daß die Sanktion

---

S. 55, insbesondere Anm. 4) behauptet allerdings für Hessen das Bestehen einer mit Beendigung des Landtags ablaufenden Sanktionsfrist, da mit Beendigung des Landtags dessen Beschlüsse ihre Gültigkeit verlören, fügt dabei aber, obwohl Hessen doch einen Landtagsabschied kennt, hinzu, diese Regel sei nicht ausdrücklich festgesetzt, entspringe aber dem Wesen der hessischen Verfassung.

[20]) cf. Seydel, Bayerisches Staatsrecht, 2. Aufl., Bd. I, § 89, S. 361.

spätestens im Landtagsabschied zu erfolgen hat, allerdings nicht expressis verbis wie in dem bayerischen Gesetz enthalten, geht aber m. E. aus der Fassung der betreffenden Bestimmungen über den Landtagsabschied hervor:

Denn wenn für **Sachsen** § 113 der Verfassungsurkunde bestimmt: „Auf jeden von den Ständen an den König gebrachten Antrag wird ihnen eine Entschließung, und zwar im Ablehnungsfalle unter Angabe der Gründe, womöglich noch während der Ständeversammlung erteilt werden; dies gilt insbesondere auch, wenn der Antrag auf Erlassung, Aufhebung oder Abänderung eines Gesetzes gerichtet war", und § 119 dann fortfährt: „Die definitiven Resultate des Landtags werden in eine förmliche Urkunde, den Landtagsabschied, zusammengefaßt, welche die königliche Erklärung über die Verhandlungen mit den Ständen enthält", so bin ich der Ansicht, daß, wenn der Landtagsabschied nichts anderes als eine Zusammenfassung der definitiven Resultate des Landtags, — enthaltend die Erklärung des Königs über die Verhandlungen mit den Ständen, — darstellen soll, eine nichtdefinitive Erklärung des Königs, z. B. ein Vorbehalt der Sanktion, ausgeschlossen erscheint, und dies um so mehr, als bereits für gewisse Fälle § 113 eine womöglich noch früher, nämlich während der Ständeversammlung erfolgende Sanktion wünscht.

Für **Reuß ä. L.** gilt aus den gleichen Gründen dasselbe, da § 85 seiner Verfassung beinahe wörtlich mit § 119 der sächsischen Verfassung übereinstimmt,[21]) wenn hier auch eine dem § 113 der sächsischen Verfassungsurkunde entsprechende Bestimmung fehlt.

Was schließlich die Verfassung **Oldenburgs** betrifft, so lautet deren den Landtagsabschied regelnde Bestimmung im Art. 163: „Der Großherzog verkündet im Gesetzblatt baldigst nach der Schließung oder der Auflösung eines jeden Landtags seine zustimmende oder ablehnende Erklärung über dessen bis dahin nicht erledigte Anträge durch einen Landtagsabschied." Hiernach stellt sich also der oldenburgische Landtagsabschied nicht dar als eine Zusammenfassung der gesamten Ergebnisse des Landtags, sondern nur als eine Erklärung über die bis zu seiner Beendigung nicht erledigten Anträge des Landtags, wobei nach dem Wortlaut

---

[21]) nur statt Resultate: Ergebnisse, statt königlich: landesherrlich.

des Art. 163 diese Erklärung nur zustimmend oder ablehnend lauten kann, eine andere Art der Erklärung aber und damit eine spätere Sanktion dieser Anträge offensichtlich ausgeschlossen erscheint.

Im Anschluß an die erwähnten Verfassungen deutscher Bundesstaaten sei noch die entsprechende Verfassungsbestimmung eines deutschen, dem Deutschen Reich allerdings nicht angehörenden Staates, nämlich des Fürstentums **Liechtenstein**,[22]) erwähnt, und zwar nur um deswillen, weil diese Verfassung wenn auch keinen „Landtagsabschied" so doch eine ihm ähnliche Einrichtung kennt, nämlich die Veröffentlichung einer Erledigung über die gefaßten Landtagsbeschlüsse. Diese Erledigung ist nach § 104 Abs. 1 der Verfassung „nach Tunlichkeit zu fördern und längstens bis zu der im Monat August stattfindenden Zusammentretung des Landtagsausschusses durch die Regierung zu publizieren", eine Sanktion nach jenem Zusammentritt des Landtagsausschusses daher durch die Verfassung ausgeschlossen.

B. Ausländische Verfassungen.

Während, wie oben ausgeführt, von den deutschen Staaten nur Bayern eine ausdrückliche und klare Bestimmung darüber kennt, bis wann spätestens die Sanktion der Gesetze zu erfolgen hat, bei einigen weiteren Staaten aber die Sanktionsfrist lediglich aus der Fassung der Bestimmung über den Landtagsabschied gefolgert werden muß, finden wir in einer größeren Reihe von Verfassungen ausländischer Staaten ausdrückliche Bestimmungen über den spätesten Zeitpunkt für die Sanktion, nämlich in den Verfassungen der Königreiche Dänemark, Griechenland, Norwegen und Portugal.

Die Bestimmungen über die Sanktionsfrist sind hier allerdings sehr verschiedener Art, indem die Frist teils nach Monaten, beginnend entweder mit dem Tage der Überreichung des Beschlusses an den Landesherrn oder dem Sessionsschluß, bemessen, teils als Endtermin für die Sanktion der Schluß der Session oder der Anfang der nächsten Session festgesetzt wird.

Die kürzeste unter den hier zu nennenden Fristen ist diejenige **Portugals**, dessen Verfassungsurkunde (Carta Constitucional) vom 19. April 1826 in Art. 59 bestimmt: „Der König erteilt oder

[22]) Verfassungsgesetz vom 26. September 1862, § 104.

verweigert jedem Dekrete seine Sanktion innerhalb eines Monats von dem Tage der Überreichung an.“[23])

Bei dem Schlusse der Session spätestens hat in **Norwegen** nach dem Grundgesetz (Grundloven) vom 17. Mai 1814, § 80, der König dem Storthing seine Entschließung auf die vorher von ihm noch nicht erledigten Beschlüsse mitzuteilen, „indem er sie entweder bestätigt oder verwirft“, wie die Verfassung sagt; und um jeden Zweifel auszuschließen, ist noch ausdrücklich hinzugefügt: „Alle diejenigen Beschlüsse, welche er nicht ausdrücklich annimmt, werden als von ihm verworfen angesehen.“[24])

Einen um zwei Monate längeren Zeitraum gewährt die Verfassung **Griechenlands** (*Σύνταγμα τῆς Ἑλλάδος*) vom 16./28. November 1864 dem König. Art. 36 dieser Verfassung bestimmt nämlich, daß ein von der Kammer beschlossener und vom König nicht binnen zweier Monate nach dem Schluß der Versammlung (Sessionsschluß) bestätigter Gesetzentwurf als abgelehnt angesehen werden soll.[25])

Eine Verfassung schließlich läßt die Sanktionsfrist erst mit dem Beginn der nächsten Session ablaufen, nämlich diejenige **Dänemarks**, dessen Grundgesetz (Danmarks Riges gjennemsete Grundlov) vom 5. Juni 1849, revidiert unter dem 28. Juli 1866, in § 24 vorschreibt: „Wenn der König einen von dem Reichstag angenommenen Gesetzentwurf nicht vor der nächsten Reichstagssession sanktioniert, ist er als abgelehnt zu betrachten.“[26])

---

[23]) Art. 59: O Rei dará ou negará a Sancçâo em cada Decreto dentro de hum mez, depois que Lhe for apresentado.

[24]) § 80 in der Fassung des Gesetzes vom 14. April 1869: Storthinget forbliver samlet, saalaenge det finder det fornødent, dog ikke over to Maaneder uden Kongens Tilladelse. Naar det, efter at have tilendebragt sine Forretninger, eller efter at have vaeret samlet den bestemte Tid, haeves af Kongen, meddeler han tillige sin Resolution paa de ikke allerede forinden afgjorte Beslutninger, ved enten at stadfaeste eller forkaste dem. Alle de, som han ikke udtrykkeligen antager, ansees som af ham forkastede.

[25]) Art 36: *Ὁ Βασιλεὺς κυρώνει καὶ δημοσιεύει τοὺς Νόμους. Νομοσχέδιον, ἐπιψηφισθὲν ὑπὸ τῆς Βουλῆς καὶ μὴ κυρωθὲν ὑπὸ τοῦ Βασιλέως ἐντὸς δύο μηνῶν ἀπὸ τῆς λήξεως τῆς Συνόδου, λογίζεται ἀκυρωθέν.*

[26]) § 24: . . . Har Kongen ikke stadfaestet et af Rigsdagen vedtaget Lovforslag inden naeste Rigsdags-Samling, ansees det som bortfaldet.

Ergänzend sei noch erwähnt, daß die Verfassungsurkunde (Grondwet) des Königreichs der **Niederlande** in der jetzt geltenden Fassung vom 30. November 1887 in Art. 120 bestimmt, daß der König den General-Staaten „sobald als möglich“[27]) Kenntnis geben läßt, ob er einen von ihnen angenommenen Gesetzentwurf genehmigt oder nicht. Eine „Sanktionsfrist“ enthält diese Bestimmung natürlich nicht, und da der Begriff „sobald als möglich“ außerordentlich unbestimmt und dehnbar ist, erscheint der praktische Wert dieser Vorschrift gering.

---

§ 4.

2. Verfassungen, welche eine Fristbestimmung für die Publikation kennen.

Den genannten Staaten, deren Verfassungen eine Fristbestimmung für die Sanktion, und zwar nur für diese, enthalten, stehen diejenigen gegenüber, deren Verfassungen eine Fristbestimmung nur für die Vornahme der Publikation kennen.

A. Charakteristisch ist, daß sich eine solche Fristbestimmung nur für die Publikation lediglich in solchen Staaten findet, in denen die Sanktion kein selbständiger Akt ist, sondern der die Sanktion darstellende entscheidende Entschluß, ob etwas Gesetz werden soll, bereits durch die übereinstimmenden Beschlüsse der an der Willensbildung beteiligten Organe entsteht, und in denen daher eine zeitliche Differenz zwischen diesen Beschlüssen und der Sanktion nicht möglich ist, so daß eine bestimmte zeitliche Geschlossenheit allein schon durch eine Publikationsfrist erreicht wird.

Von den deuschen Staaten, welche hier in Betracht kommen, nämlich den Freien Städten, wo Senat und Bürgerschaft als gleichstehende Kollegien gemeinschaftlich das Gesetzgebungsrecht ausüben, kennt nur **Hamburg** eine Publikationsfrist, und zwar hat dort nach Art. 77 der Verfassung vom 13. Oktober 1879 der Senat die beschlossenen Gesetze innerhalb vierzehn Tagen zu verkünden.

Von Bestimmungen auswärtiger Verfassungen gehören hierher diejenigen der Republiken Frankreich und der Vereinigten Staaten von Amerika.

---

[27]) „zoo spoedig mogelyk.“

In **Frankreich**, wo das Gesetzgebungsrecht den beiden Kammern zusteht, hat der Präsident nach Art. 7 des Verfassungsgesetzes (loi constitutionnelle sur les rapports des Pouvoirs publics) vom 16. Juli 1875 die Gesetze innerhalb eines Monats, gerechnet von der Überreichung des Beschlusses an die Regierung, zu promulgieren, und diese Frist mindert sich sogar auf drei Tage, wenn jede der beiden Kammern durch einen ausdrücklichen Beschluß die Promulgation für dringlich erklärt hat. Allerdings hat der Präsident insofern ein aufschiebendes Veto, als er innerhalb der ihm gesetzten Frist durch eine motivierte Botschaft von den Kammern eine abermalige Beratung verlangen kann; beharren indessen die Kammern auf ihrem Beschlusse, so muß er zur Promulgation desselben schreiten.[1])

Ähnlich verhält es sich in den **Vereinigten Staaten von Amerika**, wo die gesetzgebende Gewalt dem aus Senat und Repräsentantenhaus bestehenden Kongreß zusteht. Hier hat der Präsident nach art. 1 section 7 Abs. 2 der Verfassung (Constitution of the United States of America) vom 17. September 1787 die vom Kongreß angenommenen Gesetzentwürfe durch seine Unterschrift zu genehmigen (approve) und sie zu verkünden, kann dieselben aber auch unter Angabe seiner Bedenken zurückschicken, was zur Folge hat, daß für die neue Abstimmung Zweidrittel-Majorität in beiden Häusern erforderlich ist. „Wenn aber ein Entwurf vom Präsidenten innerhalb zehn Tagen (die Sonntage nicht mitgerechnet) nach Zustellung an ihn nicht sollte zurückgesandt worden sein, so soll derselbe genau so, als ob er die Unterschrift des Präsidenten erhalten hätte, Gesetzeskraft erlangen, wenn nicht der Kongreß durch seine Vertagung die Rücksendung untunlich macht, in welchem Falle der Entwurf Gesetzeskraft nicht erlangen soll.“[2])

---

[1]) Art. 7: Le Président de la République promulgue les lois dans le mois qui suit la transmission au Gouvernement de la loi définitivement adoptée. Il doit promulguer dans les trois jours les lois dont la promulgation, par une vote exprès dans l'une et l'autre Chambre, aura été déclarée urgente.

Dans le délai fixé pour la promulgation, le Président de la République peut, par un message motivé, demander aux deux Chambres une nouvelle délibération, qui ne peut être refusée.

[2]) art. 1 sect. 7 Abs. 2: . . . If any bill shall not be returned by the President within ten days (Sundays excepted) after it shall have been

B. Im Anschluß hieran seien indessen auch noch zwei Verfassungen, in denen die Sanktion des Gesetzes ein selbständiger Akt ist, genannt, weil diese beiden für die Vornahme der Publikation wenn auch keine festbegrenzte Frist so doch eine zeitliche Bestimmung anderer Art, durch welche ebenfalls eine Verzögerung der Publikation verhindert werden soll, vorschreiben: die Verfassungen des Großherzogtums Oldenburg und des Königreichs Ungarn.

Für **Oldenburg** bestimmt das revidierte Staatsgrundgesetz vom 22. November 1852 in Art. 5: „Der Großherzog befiehlt die Verkündigung der Gesetze, ohne jemals dieselbe aussetzen zu können.“ Da aber, wie oben[3]) erwähnt, der Großherzog nach Art. 163 „baldigst nach der Schließung oder Auflösung eines jeden Landtags seine zustimmende oder ablehnende Erklärung über dessen bis dahin nicht erledigte Anträge durch einen Landtagsabschied“ zu verkünden hat, ist der Volksvertretung, wenn ihr durch den Landtagsabschied oder auf andere Weise die Sanktion mitgeteilt worden ist, die Möglichkeit gegeben, — wenn vielleicht auch erst auf dem nächsten Landtag, — auf Grund der Bestimmung des Art. 5 auf die Verkündigung des sanktionierten Gesetzes zu dringen.

Ähnlich verhält es sich in **Ungarn**, für das § 1 des 66. Gesetz-Artikels vom Jahre 1881[4]) vorschreibt, daß „jedes Gesetz, sobald es mit der Sanktion Seiner Majestät versehen ist, durch die Regierung in der Landes-Gesetzsammlung allsogleich kundgemacht wird“. Durch denselben Gesetz-Artikel wurde allerdings die früher vorgeschriebene Bekanntgabe der Gesetze im Reichstag abgeschafft; da aber andererseits § 8 dieses Gesetz-Artikels bestimmt: „Nachdem die Kundmachung der sanktionierten Gesetze im Reichstag für die Zukunft nicht mehr stattfindet, so erstattet das Ministerium von der erfolgten Sanktionierung der Gesetze in einer der Sanktion nächstfolgenden Sitzungen dem Reichstage von Fall zu Fall die Anzeige“, erhält der Reichstag ja auf diese Weise von der Sanktion Kenntnis

---

presented to him, the same shall be a law, in like manner as if he had signed it, unless the Congress by their adjournment prevent its return, in which case it shall not be a law.

[3]) § 3.

[4]) Landesgesetzsammlung für das Königreich Ungarn, herausgegeben in amtlicher deutscher Übersetzung vom k. ungarischen Ministerium des Innern, Jahrgang 1881, S. 801 ff.

und kann dann auf Grund des § 1 des zitierten Gesetz-Artikels im Falle der Verzögerung der Publikation alsbaldige Vornahme derselben verlangen.

---

§ 5.

3. Verfassungen, welche eine Fristbestimmung für Sanktion und Publikation kennen.

Enthält eine Verfassung lediglich eine Bestimmung über die Sanktionsfrist, so kann durch Hinausschiebung der Publikation, enthält sie nur eine Bestimmung über die Publikationsfrist, so kann durch Hinausschiebung der Sanktion, vorausgesetzt daß diese ein selbständiger Akt ist, der Erlaß eines von den an der Willensbildung beteiligten Organen beschlossenen Gesetzes verzögert werden. Eine zeitlich bestimmt begrenzte Geschlossenheit des Gesetzgebungsverfahrens wird dagegen erst dann erreicht, wenn in einer Verfassung eine Frist für Sanktion **und** Publikation besteht. Allerdings ist in diesen Fällen die Bestimmung über die Sanktionsfrist häufig nicht besonders getroffen sondern bereits in derjenigen über die Publikationsfrist enthalten, nämlich überall dort, wo Sanktion und Publikation demselben Organe zustehen, und die Publikationsfrist für dieses Organ entweder mit dem Beschluß oder der Übergabe des Beschlusses der übrigen an der Willensbildung beteiligten Organe beginnt, oder wo sie mit einem bestimmten Zeitpunkte, z. B. dem Sessionsschluß oder dem Anfang einer neuen Session endigt, da eben, wenn die Publikation innerhalb eines solchen Zeitraumes zu erfolgen hat, auch die Sanktion notwendigerweise in dieser Zeit vorgenommen werden muß.

A. Deutsche Verfassungen.

Nur eine einzige von sämtlichen deutschen Verfassungen enthält eine zeitlich genau begrenzte Sanktions- und Publikationsfrist, nämlich diejenige des Herzogtums **Sachsen-Koburg-Gotha.** Sein Staatsgrundgesetz vom 3. Mai 1852 bestimmt in § 109: „Die Bestätigung der von den Landtagen beschlossenen Gesetze durch den Herzog gilt als verweigert, wenn die Verkündigung derselben binnen **acht Wochen** von der Zeit an gerechnet, wo sie der Staatsregierung mitgeteilt worden, nicht erfolgt ist.“

Früher kannte eine ähnliche Fristbestimmung auch das Fürstentum Schwarzburg-Sondershausen. Während sein Landesgrundgesetz vom 24. September 1841 keine hierauf bezügliche Bestimmung enthielt, führte das Verfassungsgesetz vom 12. Dezember 1849 in § 108 Abs. 2 eine Publikationsfrist von „vier Wochen nach angezeigter Zustimmung" des Landtags ein, welche durch Gesetz vom 2. August 1852 § 32 auf zwei Monate erstreckt wurde.[1]) Das heute geltende Landesgrundgesetz vom 8. Juli 1857 hat die Bestimmung einer Publikationsfrist jedoch nicht übernommen.

B. Ausländische Verfassungen.

Häufiger dagegen finden sich Fristbestimmungen für Sanktion und Publikation in den Verfassungen auswärtiger Staaten und zwar in denjenigen des Kaiserreichs Japan, der Königreiche England, Italien und Schweden und des Großherzogtums Luxemburg.

Bereits mit dem Tage der Annahme des Gesetzentwurfs in der Kammer beginnt die Frist in **Luxemburg**, dessen Verfassung vom 17. Oktober 1868 in Art. 34 bestimmt, daß der Großherzog seine Entschließung über die Sanktion und Promulgation eines Gesetzes innerhalb von sechs Monaten vom Votum der Kammer ab gerechnet bekannt zu geben habe.[2])

Eigentümlich liegen die Verhältnisse in **England**, wo es weder ein im freien Belieben des Landesherrn stehendes Sanktionsrecht im kontinentalen Sinne[3]) noch ein Gesetzblatt mit Publikationsmonopol und damit eine Publikation im kontinentalen Sinne gibt, sondern die königliche Zustimmung (Royal assent) im Parlament selbst, sei es vom König in Person oder von einer von ihm dazu ermächtigten Kommission, erteilt wird, mit welchem Tage die

[1]) Daneben enthielt § 146 der Verfassung von 1849 noch die Bestimmung, daß vor dem Schluß des Landtags demselben die Entschließungen des Fürsten auf die von dem Landtage gestellten Anträge mitzuteilen seien.

[2]) Art. 37: Le Roi Grand-Duc sanctionne et promulgue les lois. Il fait connaître sa résolution dans les six mois du vote de la Chambre.

[3]) Seit 1707 wurde die königliche Zustimmung nicht mehr verweigert, und heute muß man die Vetobefugnis des Königs wohl überhaupt als antiquiert betrachten; cf. Hatschek, Englisches Staatsrecht, Bd. I S. 131 und 645.

Rechtsverbindlichkeit der Gesetze — unter der Fiktion, daß das gesamte Volk im Parlament anwesend sei, — beginnt.[4]) Mit dieser Art der Erteilung der königlichen Zustimmung hängt zusammen, daß sie, weil sie nur im Parlament geschehen, auch nur während des Zusammenseins des Parlaments, mithin spätestens bei Schließung der Session (Prorogation) erteilt werden kann.[5])

Drei Staaten verlangen Publikation — und damit auch Sanktion — der Gesetze bis zum Beginn der nächsten Session: die Königreiche Schweden und Italien und das Kaiserreich Japan.

Die Verfassung **Schwedens** (Regeringsform) vom 6. Juni 1809 kannte ursprünglich weder eine Sanktions- noch eine Publikationsfrist. Erst 1844 erhielt der die Gesetzgebung regelnde § 87 einen Zusatz dahin lautend: „Kann der König nicht vor Schluß des Reichstags seine Entschließung fassen und mitteilen, so kann er ungehindert bis zur Eröffnung des nächsten Reichstags (d. h. der nächsten Session) den Gesetzesvorschlag wortgetreu genehmigen und eine öffentliche Bekanntmachung davon ausfertigen. Geschieht dies nicht, so wird der Gesetzentwurf als abgelehnt betrachtet, und der König unterrichtet den Reichstag bei seinem nächsten Zusammentritt über die Gründe, die ihn gehindert haben, den Vorschlag anzunehmen."[6]) Doch sei noch darauf hingewiesen, daß, wenn der Reichstag einen vom König eingebrachten Gesetzesvor-

---

[4]) Hatschek, a. a. O., Bd. I, S. 119 und 130 ff.

[5]) cf. Hatschek, a. a. O., Bd. I S. 361 und Cohen, die Verfassung und Geschäftsordnung des englischen Parlaments, § 72, S. 138 ff. — Daher auch die traditionelle Eingangsformel der englischen Gesetze: „Lords Spiritual and Temporal and Commons, in this present Parliament assembled." — Früher erfolgte die Genehmigung ausschließlich am Schlusse der Session, so daß sogar, als später der Gebrauch aufkam, einzelnen Bills auch im Laufe der Session die Genehmigung zu erteilen, die juristische Streitfrage entstand, ob nicht in einer solchen Genehmigung faktisch eine Schließung der Session liege; ein förmlicher Beschluß des Parlaments sprach sich jedoch gegen diese Ansicht aus; cf. Cohen, a. a. O.

[6]) § 87: ... Kan konungen icke förr, än riksdagen åtskiljes, fatta och meddela sitt beslut, vare han oförhindrad att före nästföljande riksdags öppnande förslaget ordagrant bifalla och allmän kungörelse därom utfärda. Sker det ej, anses förslaget hafva förfallit, och konungen underrätte då riksdagen vid dess nästa sammankomst om de skäl, som hindrat förslagets antagande.

schlag unverändert annimmt, derselbe bereits Gesetz wird ohne eine darauf folgende Sanktion des Königs.[7])

Auch die Verfassungsurkunde **Italiens** (lo Statuto fondamentale del Regno d'Italia) vom 4. März 1848 bestimmt selbst nur in Art. 7, daß der König die Gesetze zu sanktionieren und zu promulgieren habe, ohne einer Frist für beide Akte Erwähnung zu tun.[8]) Erst das piemontesische Gesetz vom 23. Juni 1854, ausgedehnt später auf alle Provinzen des Reichs, führte in Art. 3 die Bestimmung ein, daß die Gesetze erst ausführbar sind kraft der Promulgation, welche vom König vorgenommen wird vor Eröffnung derjenigen parlamentarischen Session, welche unmittelbar auf diejenige folgt, in welcher sie angenommen worden sind, es sei denn daß in dem Gesetze selbst ein anderer Zeitpunkt für die Promulgation festgesetzt sei.[9])

Die gleiche Frist wie Schweden und Italien kennt auch das Kaiserreich **Japan**, dessen gleichzeitig mit der Verfassungsurkunde erlassenes Gesetz über den Reichstag vom 11. Februar 1889 in Art. 32 die Bestimmung enthält, daß die von beiden Häusern des Reichstags angenommenen und dem Kaiser überreichten Gesetzentwürfe, welche noch dessen Sanktion empfangen mögen, vor der nächsten Session des Reichstags verkündet werden sollen.

---

[7]) Aschehoug, Staatsrecht des Königreichs Schweden, im H. d. ö. R., Bd. IV, 2, 2, S. 68 ff.

[8]) Art. 7: Il Re solo sanziona le leggi e le promulga.

[9]) Art. 3: Le leggi sono esecutorie in virtù della promulgazione che ne è fatta dal Re prima dell'apertura della Sessione parlamentare immediamente successiva a quella in cui furon votate, salvo che nella Legge medesima sia stabilito un altro termine di promulgazione.

Zweiter Teil.

Wann müssen mangels einer Fristbestimmung nach deutschem Reichs- und Landesstaatsrecht Sanktion und Publikation vorgenommen werden?

Einleitung.

§ 6.

Übersicht über die verschiedenen Theorien.

Soweit in den Verfassungen keine ausdrückliche Zeitgrenze für Sanktion oder Publikation eines von der Volksvertretung angenommenen Gesetzentwurfs enthalten ist, gehört die Frage, ob dennoch eine Zeitgrenze für Sanktion und Publikation in diesen Staaten besteht, und wonach sich bejahenden Falles diese Zeitgrenze bestimmt, zu den bestrittensten des deutschen Staatsrechts.

Die zahlreichen Theorien, welche für die Beantwortung dieser Frage in der Wissenschaft aufgestellt worden sind, lassen sich in zwei Hauptgruppen teilen:

I. Die eine Gruppe umfaßt alle diejenigen Theorien, welche die Ansicht vertreten, daß trotz des Fehlens einer Verfassungsbestimmung Sanktion oder Publikation an eine Frist gebunden seien.

A. Die meisten Vertreter dieser „Fristentheorien" begrenzen die Frist mit bestimmten Zeitereignissen, anknüpfend an die wichtigsten Zeitabschnitte in der Existenz der Volksvertretung, und sehen daher das Ende der Frist — manche nur für die Sanktion, manche auch für die Publikation — entweder

1. in dem Schluß der Session, in welcher der Gesetzentwurf angenommen worden ist, oder
2. in dem Beginn der nächsten Session oder
3. in dem Schluß der betreffenden Legislaturperiode bzw. der Auflösung der Volksvertretung oder

4. in dem Zeitpunkt der Neuwahlen oder

5. in dem Zeitpunkt des Zusammentritts der neugewählten Volksvertretung,

wobei nach der äußeren Begrenzung wie nach der inneren Begründung die unter 1 und 2 genannten Ansichten als „Sessionstheorien", die unter 3, 4 und 5 genannten als „Legislaturperiodentheorien" sich bezeichnen und zusammenfassen lassen,

B. wogegen eine andere Theorie die Vornahme der Sanktion nicht innerhalb einer festbegrenzten sondern innerhalb einer je nach den Umständen zu bemessenden Frist, eines „modicum tempus" fordert.

II. Diesen Fristentheorien stehen diejenigen gegenüber, welche mangels einer ausdrücklichen Verfassungsbestimmung das Bestehen einer Frist leugnen. Bei ihnen muß indessen zwischen Sanktion und Publikation scharf geschieden werden.

A. Für die Sanktion verwerfen nämlich die Vertreter dieser Theorien, — welchen sich auch der Verfasser dieser Abhandlung anschließt, — übereinstimmend jegliche Frist, während

B. für die Publikation

a) nur einzelne zu dem gleichen Ergebnisse wie für die Sanktion kommen,

b) andere dagegen, — so auch der Verfasser dieser Schrift, — alsbaldige Vornahme der Publikation nach erfolgter Sanktion fordern.

Hieraus ergibt sich die Einteilung des zweiten Teiles der vorliegenden Abhandlung:

Das I. Kapitel wird sich mit den Fristentheorien und ihrer Begründung zu beschäftigen haben und daher in einem 1. Abschnitt die Theorien der festbegrenzten Fristen — 1. die Sessionstheorien, 2. die Legislaturperiodentheorien — und in einem 2. Abschnitt die Theorie des „modicum tempus" behandeln.

Im II. Kapitel wird

in einem 1. Abschnitt ein Überblick über die Gegner der Fristentheorien gegeben werden,

im 2. Abschnitt die Widerlegung der Fristentheorien erfolgen, der 3. Abschnitt dem Nachweis der zeitlichen Unbegrenztheit des Sanktionsrechts und

der 4. Abschnitt dem Nachweis der rechtlichen Notwendigkeit alsbaldiger Publikation gewidmet sein.

I. Kapitel:

Die Fristentheorien und ihre Begründung.

1. Abschnitt:

Die Theorien der festbegrenzten Fristen.

§ 7.

1. Die Sessionstheorien.

Mit verschiedener Begrenzung und verschiedener Begründung werden bzw. wurden die Sessionstheorien vertreten für die Sanktionsfrist von Hiersemenzel, früher auch von v. Seydel, für die Sanktions- und Publikationsfrist von v. Rönne und Hermann Schulze, früher auch von Laband und Zorn.

A. Frist bis zum Schlusse der Session.

Daß die Sanktion bis zum Schlusse der Session zu erfolgen habe, behauptet für das Staatsrecht des Norddeutschen Bundes **Hiersemenzel**,[1]) und zwar gründet er seine Ansicht zunächst auf den Wortlaut des mit dem gleichen Artikel der Reichsverfassung wörtlich übereinstimmenden Artikels 13 der Verfassung des Norddeutschen Bundes, der besagt, daß der Bundesrat zur Vorbereitung der Arbeiten ohne den Reichstag, letzterer aber nicht ohne den Bundesrat berufen werden kann. Hiersemenzel versteht diese Bestimmung dahin, daß der Bundesrat nur zur Vorbereitung der Arbeiten, nicht aber zur Beschlußfassung über die stattgehabten Arbeiten des Reichstags berufen werden könne, und folgert daraus wiederum, daß die Zustimmung des Bundesrats zu einem von dem Reichstag beschlossenen Gesetze daher rechtsgültig

---

[1]) Hiersemenzel, Die Verfassung des Norddeutschen Bundes, I. Teil (Die Verfassungsurkunde), S. 53 f., zu Art. 13, Anm. 1.

nur vor dem Schlusse resp. der Auflösung des Reichstags erteilt werden kann. Denn einen Gesetzentwurf erst während einer späteren Sitzungsperiode zum Gesetz zu erheben, verbiete der Grundsatz der Diskontinuität. Eine Bestätigung dieser Theorie sieht er anscheinend auch darin, daß bei Gelegenheit der Schließung der ersten Session der ersten Legislaturperiode des Reichstags des Norddeutschen Bundes (26. Oktober 1867) in der Thronrede die Gesetzentwürfe aus dieser Session erwähnt wurden, denen der Bundesrat seine Zustimmung — also während der Session — erteilt hatte; denn, so erklärt Hiersemenzel,[2]) durch diese Erwähnung in der Thronrede werde konstatiert, daß die Zustimmung des Bundesrats und des Reichstags während der nämlichen Sitzungsperiode erteilt worden sei, von einer Verletzung des Grundsatzes der Diskontinuität also nicht die Rede sein könne.

Dieser Theorie und ihrer Begründung durch den Wortlaut des Art. 13 schließt sich unter Berufung auf Hiersemenzel für die Verfassung des Deutschen Reiches **v. Seydel** in der ersten Auflage seines Kommentars zur Reichsverfassung[3]) an, der indessen später diese Ansicht aufgegeben hat.[4])

B. Frist bis zum Beginn der nächsten Session.

Unter ausdrücklicher Verwerfung der von Hiersemenzel aus dem Wortlaut des Art. 13 gezogenen Schlußfolgerungen und der darauf gegründeten Theorie der Sanktionsfrist bis Schluß der Session ist **v. Rönne** für das Staatsrecht des Deutschen Reiches[5]) sowohl wie Preußens[6]) der Ansicht, daß, wenn auch

---

[2]) Hiersemenzel, a.a.O., II. und III. Teil (Das Verfassungs- und Verwaltungsrecht des Norddeutschen Bundes und des Deutschen Zoll- und Handelsvereins), Bd. I, S. 292 (Glossen zur Verfassung des Norddeutschen Bundes, Art. 12 und 13).

[3]) v. Seydel, Kommentar zur Verfassungsurkunde des Deutschen Reiches, 1. Aufl., S. 120 (zu Art. 13).

[4]) siehe unten § 10.

[5]) v. Rönne, Das Staatsrecht des Deutschen Reiches, 2. Aufl., Bd. II, Abt. 1, S. 49 und 51 (§ 66, I); cf. auch daselbst Bd. I, S. 261 f. (§ 33, I, B) und Bd. II, Abt. 1, S. 16 (§ 64, IV, 4).

[6]) v. Rönne, Das Staatsrecht der Preußischen Monarchie, 4. Aufl., Bd. I, S. 391—393 (§ 94, I).

eine ausdrückliche Verfassungsbestimmung fehle, doch angenommen werden müsse, daß das Recht zur Sanktion und Publikation nicht länger bestehe, als bis eine neue Session beginne, und zwar mit Rücksicht auf das Prinzip der Diskontinuität als einen in unbestrittener Geltung stehenden aus der Natur der Sache mit Notwendigkeit folgenden Grundsatz des konstitutionellen Staatsrechts, der aber nicht mit dem Schlusse der Session, sondern erst mit Beginn einer neuen Session in Wirksamkeit trete; die Annahme eines anderen Zeitpunktes sei prinzipienlos und führe zur Willkür, beeinträchtige auch die Rechte der Volksvertretung. In seinem Preußischen Staatsrecht[7]) behauptet v. Rönne auch das Vorliegen einer allgemeinen Übung, die sich zu einem wirklichen konstitutionellen Gewohnheitsrecht gestaltet habe, und führt neben dem Prinzip der Diskontinuität zur Begründung seines Standpunktes noch die den Kammern gebührende Rücksicht an, deren Mehrheit vielleicht wegen veränderter Zusammensetzung zurzeit nicht mehr zustimmen würde. Für das Deutsche Reich sei der Grundsatz sowohl von dem Reichstag als auch von den verbündeten Regierungen anerkannt: vom Reichstag in § 70 seiner Geschäftsordnung,[8]) von den verbündeten Regierungen aber durch die Wiedervorlage der Postgesetzentwürfe.

Die Gesetzentwürfe über das Postwesen und das Posttaxwesen des Deutschen Reiches waren nämlich vom Reichstag in der ersten Session der ersten Legislaturperiode angenommen worden, jedoch mit einer die Aufhebung des Landbriefbestellgeldes betreffenden Änderung, welcher die verbündeten Regierungen zunächst nicht zustimmen wollten. Die Letzteren ließen zwar alsbald ihre Bedenken fallen, erteilten indessen den Gesetzentwürfen nunmehr nicht sogleich ihre Zustimmung, sondern legten sie dem inzwischen zur zweiten Session berufenen Reichstage in derselben Fassung, wie die Entwürfe aus der dritten Lesung hervorgegangen waren, wieder vor mit der Begründung, daß, da inzwischen die Berufung zur gegenwärtigen Session erfolgt sei, ungeachtet des nunmehr vorhandenen

---

[7]) a. a. O., Bd. I S. 392.

[8]) § 70 (früher § 67 bzw. 68) lautet: Gesetzesvorlagen, Anträge und Petitonen sind mit dem Ablauf der Sitzungsperiode, in welcher sie eingebracht und noch nicht zur Beschlußnahme gediehen sind, für erledigt zu erachten.

Einverständnisses die Verkündung der Gesetze nicht angemessen erschienen sei.[9])

Auch **Zorn** sei an dieser Stelle erwähnt. Denn in seinem Staatsrecht des Deutschen Reiches[10]) stellt er die Behauptung auf, in Preußen habe die Praxis den Grundsatz von der Diskontinuität in dem Sinne ausgebildet, daß ein von der Volksvertretung angenommenes Gesetz, welches in der Zeit von einer Session bis zur anderen nicht sanktioniert und publiziert worden sei, den Kammern neuerdings vorgelegt werden müsse; er fügt dabei allerdings hinzu, daß dieser Grundsatz auf irgend welcher verfassungsmäßigen Basis für Preußen nicht beruhe, und läßt dahingestellt, ob ein „wirkliches konstitutionelles Gewohnheitsrecht" angenommen werden könne. Dagegen berührt er in der von ihm bearbeiteten neuesten Auflage des v. Rönne'schen Staatsrechts der Preußischen Monarchie[11]) die in den früheren Auflagen ausführlich behandelte Frage der Sanktions- und Publikationsfrist nur kurz; er führt hier aus, daß die von den meisten Schriftstellern als Rechtsgrundsatz aufgestellte Behauptung, daß jede Sitzungsperiode dergestalt ein für sich abgeschlossenes Ganze bilde, daß mit ihrem Abbruch die unerledigt gebliebenen Vorlagen aller Art von selbst erlöschen — Prinzip der Diskontinuität der Sitzungsperioden, — trotz der darüber bestehenden Einmütigkeit erheblichen rechtlichen Bedenken unterliege; auch behauptet Zorn hier — im Gegensatz zu seinen oben zitierten Ausführungen in seinem Staatsrecht des Deutschen Reiches, — daß hinsichtlich der Publikation beschlossener Gesetze der Grundsatz der Diskontinuität in Preußen von der Staatsregierung nicht anerkannt worden sei, und beruft sich dafür auf zwei erst nach Beginn einer neuen Session publizierte Gesetze.[12])

---

[9]) cf. die Motive in den Sten. Ber. des deutschen Reichstags, I. Leg.-Per., 2. Session, 2. Bd. (N. O. Bd. 23), S. 16. — Im Reichstag selbst äußerte sich zur Wiedervorlage nur der Abg. Gumbrecht, der das eingeschlagene Verfahren für durchaus korrekt erklärte; cf. Sten. Ber. a. a. O., 1. Bd. (N. O. Bd. 22), S. 51 f.

[10]) 1. Aufl., Bd. I, S. 117 (§ 7, Anm. 26); 2. Aufl. Bd. I, S. 420 (§ 15, Anm. 40).

[11]) 5. Aufl., Bd. I, S. 349 f. (§ 30, B).

[12]) cf. unten Anhang B, Nr. 2 und 4.

Für das Staatsrecht des Deutschen Reiches ist auch **Hermann Schulze**[13]) der Ansicht, daß, obwohl die Reichsverfassung einen bestimmten Termin nicht vorschreibe, doch als ein allgemeiner Satz des konstitutionellen Staatsrechts gelte, daß die Verkündigung eines Reichsgesetzes erfolgt sein müsse, bevor der Reichstag zu einer neuen Sitzungsperiode zusammengetreten sei. In seinem Preußischen Staatsrecht[14]) vertritt er freilich die entgegengesetzte Meinung, indem er die Anwendung des Grundsatzes der Diskontinuität der Sessionen auf die Sanktions- und Publikationsfrist verwirft und das Bestehen eines dahingehenden allgemein gültigen Satzes des konstitutionellen Staatsrechts, wie ihn v. Rönne annimmt, verneint.[15])

In den drei ersten Auflagen seines Staatsrechts des Deutschen Reiches sprach auch **Laband**[16]) unter Berufung auf die Wiedervorlage der Postgesetzentwürfe die Ansicht aus, daß der gesamte Gesetzgebungsakt von der Einbringung des Entwurfs im Reichstage bis zur Verkündigung der ausgefertigten Gesetzesurkunde im Reichsgesetzblatt nach einer allgemeinen Übung, die sich zu einem wirklichen konstitutionellen Gewohnheitsrecht gestaltet habe, beendet sein müsse, bevor der Reichstag zu einer neuen Session zusammentrete; es beruhe dies teils auf dem sogenannten Prinzip der Diskontinuität der Reichstagssessionen, teils auf einer Rücksicht auf den Reichstag, dessen Majorität vielleicht wegen veränderter Verhältnisse dem Gesetze zurzeit nicht mehr zustimmen würde, so daß es angemessen erscheine, den Gesetzentwurf ihm nochmals vorzulegen. In der neuesten Auflage desselben Werkes[17]) erklärt Laband indessen, daß er sich überzeugt habe, daß für das Recht des Deutschen Reiches ein solches Gewohnheitsrecht nicht nachweisbar sei.[18])

---

[13]) Hermann Schulze, Lehrbuch des deutschen Staatsrechts, II. Buch: Das deutsche Reichsstaatsrecht, S. 120 (§ 286).

[14]) 1. Aufl., 1872—1877, Bd. II, S. 222 f. (§ 172); 2. Aufl., 1888—1890, Bd. II, S. 23 (§ 172); der II. Band seines Lehrbuchs des deutschen Staatsrechts ist dazwischen, 1886, erschienen.

[15]) cf. unten § 8.

[16]) 1. Aufl., Bd. II, S. 58 (§ 57, V); 2. Aufl., Bd. I, S. 565 f. (§ 55, V); 3. Aufl., Bd. I, S. 539 f. (§ 55, V).

[17]) 4. Aufl., Bd. II, S. 55 (§ 55, VI).

[18]) Über die jetzt von Laband vertretene Theorie siehe unten § 10.

Überblick über die von den Anhängern der Sessionstheorien angeführten Gründe.

Überblicken wir die von den Vertretern der Sessionstheorien angeführten Gründe, so sind es in der Hauptsache zwei, auf welche diese Theorien aufgebaut werden, nämlich

1. der Wortlaut des Art. 13 der Verfassungen des Norddeutschen Bundes und des Deutschen Reiches, aus welchem Hiersemenzel und früher auch v. Seydel die Notwendigkeit der Sanktion bis Schluß der Session folgern, und

2. das Prinzip der Diskontinuität der Sessionen, welches mit Beginn einer neuen Sitzungsperiode in Wirksamkeit tritt. Auf dieses letztere Prinzip, ausgedehnt auf die Publikation, stützen in erster Linie v. Rönne und für das Reichsstaatsrecht auch Schulze, die beide das genannte Prinzip als einen allgemeinen Grundsatz des konstitutionellen Staatsrechts bezeichnen, sowie früher auch Laband die Forderung der Publikation bis Anfang einer neuen Session, während Hiersemenzel es auf die Sanktion beschränkt, und neben dem sub 1 angeführten Grund dafür heranzieht, daß seinetwegen ein Gesetzentwurf jedenfalls in einer späteren Sitzungsperiode nicht mehr sanktioniert werden könne.

Neben diesen Gründen berufen sich v. Rönne und früher Laband zur Rechtfertigung ihrer Theorien auch auf die Praxis, indem sie behaupten, daß es sich um eine allgemeine Übung handle, die sich zu einem wirklichen konstitutionellen Gewohnheitsrecht ausgestaltet habe, und die Anerkennung durch die Reichsregierung aus der Wiedervorlage der Postgesetze folgern; ebenso behauptet auch Zorn in seinem Staatsrecht des Deutschen Reiches (im Gegensatz zu der von ihm bearbeiteten 5. Auflage des v. Rönne'schen Staatsrechts der Preußischen Monarchie), daß in Preußen die Praxis den Grundsatz von der Diskontinuität, angewandt auf die Publikationsfrist, ausgebildet habe, läßt es aber im übrigen dahingestellt sein, ob ein „wirkliches konstitutionelles Gewohnheitsrecht" angenommen werden kann.

§ 8.

2. Die Legislaturperiodentheorien.

Ebenso wie die Vertreter der Sessionstheorien sind auch diejenigen der Legislaturperiodentheorien geteilter Ansicht über das Ende der Frist: Ablauf der Legislaturperiode (bzw. Auflösung), Neuwahl und Zusammentritt des neuen Parlaments sind die Grenzen, die von ihnen aufgestellt werden, und zwar von manchen nur für die Sanktion, von manchen auch für die Publikation. Aber mit dieser verschiedenen Fristbegrenzung stimmt nicht immer überein die Verschiedenheit in der Begründung, vielmehr kommen die Anhänger derselben Begründung häufig zu ganz verschiedenen Ergebnissen in Bezug auf das Ende der Frist.

Im Folgenden seien die verschiedenen Ansichten, geordnet zunächst nach der Grenze der behaupteten Fristen, angeführt, und im Anschluß daran eine Gruppierung derselben nach ihrer Begründung gegeben.

A. Frist bis zum Schluß der Legislaturperiode.

a) für Sanktion und Publikation.

Die Forderung der — unter den hier zu erwähnenden Fristen — kürzesten Frist, nämlich der Sanktion und der Publikation bis zum Schluß der Legislaturperiode wird vertreten von Georg Meyer und v. Roth,

von **Georg Meyer**[1]) allerdings lediglich für die Landesgesetzgebung und mit der Begründung, daß die Anordnung einer gesetzlichen Bestimmung nur auf Grund der Zustimmung des zur Zeit der Publikation bestehenden Landtags zulässig sei; für die Reichsgesetzgebung freilich sieht er — ohne besondere Begründung — das Ende der Frist erst in der Neuwahl des Reichstags.[2])

v. Roth[3]) vertritt die gleiche Theorie für die Sanktion mit

---

[1]) Georg Meyer, Lehrbuch des deutschen Staatsrechts, 5. Aufl., S. 514 f. (§ 158, 4) und 6. Aufl., S. 569 f. (§ 158,4).

[2]) s. unten unter B, a; auch für die Landesgesetzgebung erklärt er in den vier ersten Auflagen seines Lehrbuchs (1. Aufl., S. 406; 2. Aufl. S. 464; 3. Aufl., S. 471; 4. Aufl., S. 495) und zwar trotz der gleichen Begründung wie in der 5. und 6. Auflage erst die Neuwahl des Landtags für das Ende der Frist.

[3]) v. Roth, System des deutschen Privatrechts, I. Teil, S. 253 f. (§ 42 II und III).

den Worten: daß ihre Erteilung an keine andere Zeitfrist gebunden sei, als daß sie während der Dauer des Mandats des Reichstags oder Landtags, der seine Zustimmung gegeben habe, erfolgen müsse; und ebenso für die Publikation: daß sie gültig nur vorgenommen werden könne, solange das Mandat der Vertretung dauere, die ihre Zustimmung erteilt habe, wobei keinem Zweifel unterliegen kann, daß die „Dauer des Mandats" mit dem Ende der Legislaturperiode ihren Abschluß findet.

b) für die Sanktion.

Eine Reihe von Schriftstellern verlangen bis Schluß der Legislaturperiode lediglich Erteilung der Sanktion.

Am ausführlichsten behandelt diese Theorie **Müller-Meiningen,**[4]) der von dem Grundsatz ausgeht, daß auf alle Fälle eine Frist für die Sanktion existieren müsse. Er gibt zu, daß im Gegensatz zu einer Reihe von Verfassungen, deren Fristbestimmungen er anführt, „leider" weder die Reichsverfassung noch die preußische Verfassung einen ausdrücklichen Termin enthalten, bis zu welchem spätestens Sanktion und Publikation stattfinden müssen, und erklärt, daß wie in so vielen Punkten auch hier die Reichsverfassung eine empfindliche Lücke aufzuweisen habe. Diese Lücke aber müsse mangels eines nachweisbaren Gewohnheitsrechts aus allgemeinen Erwägungen: aus dem Geiste, aus der rechtlichen Natur des konstitutionellen Gesetzgebungsverfahrens mit seinem Wahlrechte zur Volksvertretung ergänzt werden, wenn anders nicht geradezu eine Absurdität aus dem Schweigen des Gesetzes hergeleitet werden solle. Um diese Lücke auszufüllen, geht Müller-Meiningen davon aus, daß, wenn Art. 5 der Reichsverfassung erkläre, die Übereinstimmung der Mehrheitsbeschlüsse von Bundesrat und Reichstag sei zu einem Reichsgesetze erforderlich und ausreichend, der Wille der Verfassung unbestreitbar der sei, daß neben dem Willen der Souveräne **gleichberechtigt** auch der Wille des Volks in der Gesetzgebung jederzeit zum Ausdruck kommen solle. Der Wille des Volks wechsele aber nach Zeit und

---

[4]) Müller-Meiningen, „Zur Aufhebung des § 2 des Jesuitengesetzes" in den Annalen des Deutschen Reichs, 1904, Nr. 4, S. 301—310; und „Nochmals zur Aufhebung des § 2 des Jesuitengesetzes" in der Vossischen Zeitung, 1904, Nr. 191, 13. Beilage.

Verhältnissen, und um diesem Wechsel Rechnung zu tragen, wähle man die Vertreter nicht lebenslänglich, sondern nur auf eine bestimmte Anzahl von Jahren. Daher sei das Parlament nicht unabhängig von den physischen Personen, die es bilden, sondern es solle nach der ganzen Natur des Wahlrechts eine scharf individuelle Prägung beibehalten. Daraus folge, daß eine zeitliche Übereinstimmung der Willenserklärung der beiden gesetzgebenden Faktoren, d. h. eine Einigung innerhalb eines abgegrenzten Zeitraumes oder desselben Zeitpunktes vorhanden sein müsse, wenn von einer Übereinstimmung des Bundesrats und des (nicht eines) Reichstags im Sinne des Art. 5 die Rede sein solle. Von der Erklärung einer Willenseinigung der beiden gesetzgebenden Faktoren, von der Geschlossenheit des Gesetzgebungsverfahrens könne aber dann keine Rede mehr sein, wenn das Parlament, dessen individualistischer Grundzug gerade in seinem Initiativrecht scharf zum Ausdruck gelange, gar nicht mehr vorhanden sei, weil es entweder aufgelöst oder weil seine legale Wirkungszeit abgelaufen sei: die Sanktion, die Zustimmung seitens des Bundesrats, treffe dann den konstitutionellen Kontrahenten nicht mehr, die Zustimmung hänge in der Luft. Auch eine entgegenstehende Praxis der Reichsregierung sei völlig irrelevant. Müller-Meiningen weist dann noch auf die analogen Verhältnisse des bürgerlichen Rechts hin, wo bestimmt sei, binnen welcher Frist auf den Ausdruck des Willens der einen Partei der Willensausdruck der anderen Partei folgen müsse (u. a. § 130 BGB.), wenn eine Willenseinigung zustande kommen solle. Es sei auch kein Zufall, daß in dem klassischen Lande des Parlaments, in England, diese Anschauung, die dem konstitutionellen Prinzipe allein entspreche, unbestritten herrsche, wo die Sanktion spätestens mit Schluß der Parlamentssession erteilt werden müsse; auch für Österreich gelte der Satz, daß mit der Neuwahl des Parlaments die Frist für die Sanktion beendet sei.

Im gleichen Sinne wie Müller-Meiningen und mit derselben Begründung spricht sich **Bornhak** aus und zwar sowohl für das Staatsrecht des Deutschen Reiches[5]) wie für dasjenige Preußens.[6]) Er geht aus für das Reich von Art. 5 der Ver-

[5]) Bornhak, „Die Rechtsgültigkeit der Aufhebung des § 2 des Jesuitengesetzes" in der National-Zeitung, 1904, Nr. 195.

[6]) Bornhak, Preußisches Staatsrecht, Bd. I, S. 500 f. (§ 79).

fassung, wonach zu einem Gesetz die Übereinstimmung der Mehrheitsbeschlüsse von Bundestag und Reichstag, für Preußen von Art. 62 der Verfassung, wonach zu einem Gesetz die Übereinstimmung des Königs und beider Kammern erforderlich sei. Der Reichstag aber wie das Abgeordnetenhaus erneuerten sich periodisch; und wenn die Verfassung die Zustimmung des Reichstags bzw. der Kammern fordere, so sei die zur Zeit des Erlasses existierende Volksvertretung gemeint, wie sie jetzt sei, und nicht wie sie vor einem Jahre oder einem Menschenalter gewesen sei. Wollte daher der Bundesrat bzw. der König einem in einer früheren Legislaturperiode angenommenen Gesetz seine Zustimmung erteilen, so werde den Erfordernissen des Art. 5 der Reichsverfassung bzw. des Art. 62 der preußischen Verfassung nicht Genüge geleistet. Denn das Haus, welches seine Zustimmung erteilt habe, existiere nicht mehr. Daher sei Sanktion nach Ablauf der Legislaturperiode unzulässig. Da diese zeitliche Beschränkung sich aus der Natur der Sache ergebe, entspreche sie auch dem allgemeinen konstitutionellen Gebrauche, z. B. dem Englands. Trotzdem hält Bornhak ein verspätet sanktioniertes Gesetz für verbindlich, wenn es verfassungsgemäß im Gesetzblatt publiziert ist; denn die Rechtsgiltigkeit sei nur eine Frage unter den gesetzgebenden Faktoren. Durch die verspätete Sanktion des Gesetzes, betr. die Aufhebung des § 2 des Jesuitengesetzes, aber sei ein Präzedenzfall geschaffen, und man befinde sich auf dem Wege zur Bildung eines neuen, die Rechte der Volksvertretung wesentlich einschränkenden Gewohnheitsrechts, dessen Entstehung allerdings noch im Schoße der Zukunft ruhe.[7])

Auch **Geffcken**[8]) verlangt Sanktion bis Schluß der Legislaturperiode. Er führt aus, der ganze Sinn der periodischen Gesamterneuerung des Parlaments liege in der „Diskontinuität der Legislaturen" beschlossen. Leges ferre heiße Gesetze geben. Indem also jeder konstitutionelle Staat Legislaturperioden kenne, werde es geradezu zum konstitutionellen Prinzip erklärt, daß ein Gesetzgebungsakt sich nur innerhalb einer und derselben Gesetzgebungsperiode vollziehen könne. Wäre es anders, so verlöre die

---

7) cf. National-Zeitung a. a. O.

8) Geffcken, „Eine authenische Interpretation der Reichsverfassung" in der Kölnischen Zeitung, 1904, Nr. 322.

Einrichtung der periodisch wiederkehrenden allgemeinen Neuwahlen zur Volksvertretung jede innere Berechtigung. Da aber die Beschränkung der Sanktionsbefugnis des Bundesrats auf die laufende Legislaturperiode des Reichstags Ausfluß eines allgemein gültigen konstitutionellen Prinzips sei, genüge, — falls man sich, um alle Zweifel für die Zukunft abzuschneiden, entschließen sollte, dem Selbstverständlichen noch eine ausdrückliche gesetzliche Fassung zu geben, — eine auf dem gewöhnlichen Wege der Reichsgesetzgebung zu bewerkstelligende authentische Interpretation, für die nicht der erschwerte Weg der Verfassungsänderung nötig sei.

Den erwähnten Ansichten schließt sich für das preußische Staatsrecht **v. Stengel**[9]) an, wobei indessen zu berücksichtigen ist, daß er die Legislaturperiode erst mit dem Zusammentritt des Abgeordnetenhauses beginnen läßt.[10]) Er erklärt es für allgemein anerkannt, daß nach Ablauf der Legislaturperiode die Sanktion eines in derselben angenommenen Gesetzentwurfs nicht mehr zulässig sei, weil mit diesem Zeitpunkte das Abgeordnetenhaus, das seine Zustimmung zum Entwurf gegeben habe, seine Existenz verliere, von der Zustimmung der beiden zur Zeit der Sanktion des Gesetzes vorhandenen Häuser daher nicht mehr gesprochen werden könne. Auch könne in dieser Hinsicht wohl ein allgemeines, auch im Reiche anerkanntes Gewohnheitsrecht angenommen werden.

Zu demselben Ergebnis gelangt für das Staatsrecht des Großherzogtums Hessen **Cosack**,[11]), der behauptet, daß die Genehmigung des Großherzogs spätestens mit der Beendigung des Landtags geschehen müsse, da mit der Beendigung die Landtagsbeschlüsse ihre Gültigkeit verlören und sie durch nachträgliche Genehmigung nicht wiedergewinnen könnten. Die Verkündung des Gesetzes dagegen könne auch später erfolgen; ihren Zeitpunkt bestimme der Großherzog nach pflichtmäßigem Ermessen. Zur Begründung führt Cosack an, daß beide, d. h. für Sanktion und für Publikation ausgesprochenen Regeln, zwar nicht ausdrücklich festgesetzt seien, aber dem Wesen der hessischen Verfassung entsprängen.

---

[9]) v. Stengel, Das Staatsrecht des Königreichs Preußen im H. d. ö. R., Bd. II, 3 (2. Aufl.) S. 170 (§ 47).

[10]) v. Stengel, a. a. O., S. 81 (§ 26).

[11]) Cosack, Das Staatsrecht des Großherzogtums Hessen im H. d. ö. R., Bd. III 1, 4 (2. Aufl.), S. 55 (§ 31, 1 und Anm. 4).

B. Frist bis zur Neuwahl.

a) für Sanktion und Publikation.

Mit der Begründung, daß die Anordnung einer gesetzlichen Bestimmung nur auf Grund der Zustimmung des zur Zeit der Publikation bestehenden Landtags zulässig sei, vertrat **Georg Meyer** bis zur 4. Auflage seines Lehrbuchs die Forderung der Sanktion und Publikation eines Landesgesetzes bis zur Neuwahl des Landtags und sprach sich auch bezüglich der Reichsgesetzgebung ohne besondere Begründung für die gleiche Grenze aus.[12]) Während er nun unter Beibehaltung der genannten Begründung für die Landesgesetzgebung seine Ansicht dahin geändert hat, daß er schon den Schluß der Legislaturperiode als äußersten Zeitpunkt ansieht,[13]) hat er seine frühere Meinung für die Reichsgesetzgebung beibehalten, indem er auch in den neusten Auflagen seines Lehrbuchs[14]) noch ausführt, daß eine Frist für die Sanktion und Publikation auch im Reiche nur insoweit bestehe, als dieselbe spätestens bis zum Beginn der neuen Legislaturperiode des Reichstags erfolgen müsse.

Diese früher für das Landesrecht und heute noch für das Reichsrecht von Meyer ausgesprochene Ansicht erklärt unter Berufung auf dessen Begründung auch **Hermann Schulze**[15]) für das preußische Staatsrecht für richtig, während er für das Reichsrecht, wie oben erwähnt,[16]) die Sessionstheorie vertritt.

Zu demselben Ergebnis wie Meyer und Schulze kommt mit anderer Begründung auch **Rosin**.[17]) Indem er ausführt, daß alle der Publikation vorausgehenden Akte erst mit der und durch die Publikation Wirksamkeit erlangten, erklärt er zunächst bezüglich der Polizeiverordnung, daß sich daraus ergebe, daß die Rechtsgültigkeit einer Willensbestimmung und damit auch die Sanktionierung einer

---

[12]) betr. Landesgesetz: 1. Aufl. S. 406 f.; 2. Aufl., S. 464; 3. Aufl., S. 471; 4. Aufl., S. 495 f.; betr. Reichsgesetz: 1. Aufl., S. 415 f.; 2. Aufl., S. 474; 3. Aufl., S. 482 f.; 4. Aufl., S. 508.

[13]) s. oben A, a.

[14]) 5. Aufl., S. 527 f.; 6. Aufl., S. 586 f.

[15]) Hermann Schulze, Das Preußische Staatsrecht, 2. Aufl., Bd. II, S. 23 (§ 172).

[16]) s. oben § 7, B.

[17]) Rosin, Das Polizeiverordnungsrecht in Preußen, 1. Aufl., S. 177, Anm. 123; 2. Aufl., S. 254, Anm. 3.

Verordnung einzig und allein nach den zur Zeit der Publikation geltenden gesetzlichen Vorschriften zu beurteilen sei, und fügt hinzu, daß dieser Gedanke auch im Staatsrecht den rechtfertigenden Grund dafür bilde, daß das von der Volksvertretung genehmigte Gesetz publiziert werden müsse, bevor eine neue Legislaturperiode eingetreten, d. h. die Volksvertretung eine andere geworden sei; von der Sitzungsperiode dagegen gelte das gleiche nicht.[18])

b) für die Sanktion.

Den gleichen Zeitpunkt, nämlich den Tag der Neuwahl, hält auch **v. Jagemann**[19]) für die äußerste Grenze der Frist; indessen spricht er seine Meinung nur für die Sanktion und nur für das Reichsrecht aus. Er ist der Ansicht, daß die erforderte Übereinstimmung des Bundesrats und des Reichstags vernunftgemäß an die Voraussetzung gebunden sei, daß die Zustimmung des Bundesrats noch in einem Zeitpunkt erfolge, in welchem nicht derjenige Reichstag, welcher zustimmte, seine Gewalten bereits an seinen Nachfolger verloren habe.[20]) Wohl bestehe der Bundesrat immer aus den gleichen Mitgliedern (Staaten), der Reichstag aber nicht mehr, sobald nach Auflösung oder Ablauf der Legislaturperiode eine Totalerneuerung eingetreten sei. Die Einrichtung sei dazu da, jeweils den Anschauungen in der Volksvertretung die Möglichkeit eines Einflusses zu geben, und es sei daher widersinnig, wenn man dem Bundesrate zumessen wolle, Beschlüsse aus früheren Legislaturperioden zu sanktionieren.[21]) Indessen ist v. Jagemann der Ansicht, daß wenn der Kaiser mit Gegenzeichnung des Kanzlers ein Gesetz aussertige und verkünde, welches nach Beginn einer neuen Legislaturperiode sanktioniert sei, daraus noch nicht die Ungültigkeit des Gesetzes folge. Denn die Entscheidung über

---

[18]) Da Rosin demgemäß den Eintritt einer neuen Legislaturperiode darin sieht, daß die Volksvertretung eine andere geworden ist, letzteres aber mit dem Tage der Wahlen geschieht, muß angenommen werden, daß er in dem Tag der Wahlen den Beginn der neuen Legislaturperiode erblickt.

[19]) v. Jagemann, Die deutsche Reichsverfassung, S. 92 f.

[20]) Den Beginn des nächstfolgenden Reichstags sieht er in der Neuwahl; cf. v. Jagemann a.a.O., S. 130.

[21]) Für die gleiche Grenze und mit ähnlicher Begründung spricht sich auch ein ungenannter Verfasser in der Kölnischen Zeitung, 1904, Nr. 300, aus in einem Artikel: „Eine Lücke der Reichsverfassung."

dieses kontroverse Gebiet komme jedem Faktor für seinen Tätigkeitsbereich zu; ein verkündetes Gesetz sei nach Art. 2 der Reichsverfassung rechtsverbindlich, und ein behördliches Prüfungsrecht, das weitergehe als auf die Existenz der Verkündigung, bestehe nicht. Damit gibt v. Jagemann indirekt auch die rechtliche Möglichkeit zu, die Publikation eines Gesetzes auch noch nach Beginn einer neuen Legislaturperiode vorzunehmen.

Auch **Arndt** sprach sich früher sowohl für das Staatsrecht des Deutschen Reiches [22]) wie Preußens [23]) — allerdings ohne Begründung — dahin aus, daß die Sanktion eines Gesetzes nicht mehr zulässig sei, wenn ein neuer Reichstag oder ein neues Abgeordnetenhaus gewählt oder höchstens die bisherige Volksvertretung aufgelöst sei. Neuerdings steht er jedoch auf einem anderen Standpunkt.[24])

Schließlich sei noch erwähnt, daß auch für das Staatsrecht Österreichs, dessen Verfassung ebenfalls keine Fristbestimmung kennt, von **Ulbrich** [25]) die Theorie vertreten wird, daß mit der Neuwahl des Vertretungskörpers die Frist für die Sanktion ihr Ende erreiche, weil durch Ablauf der Legislaturperiode oder Auflösung das Kollegium, welches die Zustimmung zu einem Gesetzentwurf erteilt hat, nicht mehr bestehe. Für die Publikation scheint Ulbrich dieser Ansicht nicht zu sein, da er ausdrücklich hinzufügt, übrigens könne Sanktion und Kundmachung des Gesetzes durch einen längeren Zeitraum voneinander getrennt sein, indem der Kaiser befehlen könne, daß ein sanktioniertes Gesetz erst in einem späteren Zeitpunkte kundgemacht werden solle.

C. Frist bis zum Zusammentritt der neugewählten Volksvertretung.

a) für Sanktion und Publikation.

Den Zusammentritt der neuen Volksvertretung hält für die

22) Arndt, Die Verfassung des Deutschen Reiches, 1. Aufl., S. 131, (zu Art. 13).

23) Arndt, Die Verfassungsurkunde für den Preußischen Staat, 3. Aufl., S. 125 (zu Art. 62, Anm. 5).

24) cf. unten § 10.

25) Ulbrich, Lehrbuch des österreichischen Staatsrechts, 1883, S. 388 f. (§ 147, III, d).

äußerste Grenze der Sanktion und Publikation **Jastrow**.[26] Er geht wie Müller-Meiningen davon aus, daß man zu absurden Konsequenzen komme, wenn man nicht eine Frist für Sanktion und Publikation annehme, und um diese zu finden, beruft er sich gleichfalls auf den Wortlaut des Art. 5 der Reichsverfassung. Wenn dieser sage, daß zu einem Reichsgesetz die Übereinstimmung der Mehrheitsbeschlüsse des Bundesrats und des Reichstags erforderlich sei, so meine er damit den Reichstag, welcher zur Zeit der Sanktion und Publikation bestehe, nicht aber einen vor kürzerer oder längerer Zeit gewesenen Reichstag. Möge man in anderen Fällen über die Frist für Sanktion und Publikation streiten, aber wenn ein Reichstag, der ein Gesetz beschlossen habe, aufgelöst und ein anderer Reichstag bereits gewählt, ja sogar bereits einberufen sei, so solle man zu streiten aufhören und sagen: hier ist die Grenze zweifellos überschritten, bis zu welcher die Sanktion und Publikation des Gesetzes noch zulässig war.

b) für die Sanktion.

Zu der gleichen Fristbegrenzung, aber lediglich für die Sanktion, bekennen sich Binding und Wielandt.

Während **Wielandt**[27]) nur erklärt, daß „nach der Natur der Sache anzunehmen" sein werde, daß mit der Eröffnung eines neuen Landtags die bis dahin noch nicht bestätigten vom vorigen Landtag herrührenden Gesetzentwürfe hinfällig würden,

begründet **Binding**[28]) seine Ansicht ausführlicher. Die Theorie einer unbegrenzten Sanktionsfrist erklärt er für „einfach unmöglich". Jedes konstitutionelle Gesetz sei lediglich deshalb Gesetz, weil es nach Form, Inhalt und Zeit seines Erlasses sich als eine Willenseinigung im Reiche zwischen Bundesrat und Reichstag, in den Monarchien zwischen Kammern und Landesherrn darstelle. Dieses Zeitmoment dürfe nicht übersehen werden. Gehe die Regierung mit einer Vorlage an die Stände, so sage sie damit: gebt mir

---

[26]) Jastrow, „Die Ungültigkeit des Wuchergesetzes" in der „Nation", 10. Jahrgang (1892/93), Nr. 42, S. 633 f.

[27]) Wielandt, Das Staatsrecht des Großherzogtums Baden, im H. d. ö. R., Bd. III, 1, 3, (2. Aufl.), S. 165, § 69.

[28]) Binding, „Die Nichtigkeit des neuen Jesuitengesetzes vom 8. März 1904" in der National-Zeitung, 1904, Nr. 186.

die Zustimmung, das Gesetz jetzt zu erlassen; ergreife das Parlament die Initiative, so wolle es eine Gesetzgebung sofort und nicht erst in zehn Jahren in Aktion treten sehen.[29]) Was aber die Willenseinigung betreffe, so bildeten der Bundesrat von heute und der Reichstag von heute zusammen die gesetzgebenden Faktoren des Reichs. Ein Beschluß des Reichstags aber könne und wolle das Volk nicht für alle Ewigkeit binden, er sei gefaßt für jetzt unter der stillschweigenden Klausel: rebus sic stantibus. Kein Reichstagsbeschluß aber — soweit nicht, wie die Aufrichtung der Geschäftsordnung, ein Akt der Autonomie vorliege, — vermöge einen neuen Reichstag zu binden. Falsch sei es, zu sagen, das Ende der Legislaturperiode bilde den äußersten Tag der Sanktion. Vielmehr müsse dann dem Bundesrat nach dem Willen des Reichstags noch die zur Beschlußfassung nötige Zeit verbleiben. In demselben Augenblick aber, wo ein neuer Reichstag zusammentrete, sei der Reichstag, mit dem sich der Bundesrat hätte verständigen müssen, nicht mehr vorhanden, mit dem neuen aber könne er sich nur über dessen eigenen, nicht über einen alten Beschluß einigen. Nach dem Zusammentritt sanktionierte Gesetze seien daher nichtig.[30])

Überblick über die von den Anhängern der Legislaturperiodentheorien angeführten Gründe.

Unter den verschiedenen von den Vertretern der Legislaturperiodentheorien zur Rechtfertigung ihrer Fristbegrenzung angeführten Gründe tritt ein Grund besonders hervor, auf den sich die

[29]) Anscheinend ist Binding der Überzeugung, daß die Regierung ein aus ihrer Initiative hervorgegangenes Gesetz sofort sanktioniert. Denn anders läßt es sich nicht verstehen, wenn er ausführt, bei dem ganzen Streit werde von dem Gegensatz zwischen Initiativ-Anträgen der Parlamente und der Genehmigung von Regierungsvorlagen abgesehen, er wolle aber seine Untersuchung wesentlich auf den äußersten Termin der Sanktion solcher parlamentarischer Initiativ-Anträge beschränken, wie sie der Aufhebung des § 2 des Jesuitengesetzes zu Grunde lägen.

[30]) Als Gegner der Theorie des zeitlich unbeschränkten Sanktionsrechts und anscheinend Anhänger der Legislaturperiodentheorien seien auf Grund von allerdings unverbindlichen Zeitungsnotizen auch v. Martitz (National-Zeitung, 1904, Nr. 180) und Wach (Tägliche Rundschau, 1904, Nr. 125, Hauptblatt S. 2) erwähnt.

überwiegende Mehrzahl in erster Linie stützt: Es ist das Moment der Willenseinigung zwischen Souverain und Volksvertretung in seiner Anwendung auf die Zeit, ein Moment, welches allerdings wiederum verschieden begründet und verschieden angewandt wird, dem aber bei jeder Art der Begründung und Anwendung zwei Prinzipien zugrunde gelegt werden: einmal das Prinzip der völligen rechtlichen Gleichstellung des Gesetzeswillens des Trägers der Staatsgewalt einerseits und der Volksvertretung andererseits, und zum anderen das dem immer gleichbleibenden Träger der Staatsgewalt gegenübergestellte Prinzip der periodischen Erneuerung der Volksvertretung, welches seinen Ausdruck finde in den Legislaturperioden.

A. Die Vereinigung dieser beiden Prinzipien, welche allerdings eine gewisse Stütze zu finden scheint in dem Wortlaut verschiedener Verfassungsbestimmungen, so z. B. des Art. 5 der Reichsverfassung und des Art. 62 der preußischen Verfassung, wird nun zunächst auf die die Willenseinigung zum Ausdruck bringende Sanktion angewandt und zwar mit der Schlußfolgerung

a) entweder — positiv ausgedrückt, — daß die Sanktion nur möglich sei, solange die Periode der Volksvertretung und damit ihre nicht sanktionierten Willensäußerungen noch nicht ihr Ende gefunden hätten: so Bornhak, v. Stengel, Müller-Meiningen, welche sich speziell auf den Wortlaut des Art. 5 der Reichsverfassung, bzw. des Art. 62 der preußischen Verfassung stützen, Geffcken, der diese Theorie vor allem in dem Worte „Legislaturperiode" verkörpert sieht, ferner auch Ulbrich, welcher, obwohl er das Ende des Kollegiums für das Entscheidende hält, die Sanktionsfrist bis zur Neuwahl laufen läßt, sowie auch Binding, der zwar ausdrücklich nur den Bundesrat „von heute" und den Reichstag „von heute" zusammen für die gesetzgebenden Faktoren erklärt, aber einen Willen des Reichstags behauptet, nach dem der Bundesrat noch bis zum Zusammentritt des neuen Reichstags seine Sanktion erteilen könne,

b) oder — negativ ausgedrückt, — daß die Sanktion nicht mehr zulässig sei, wenn der Reichstag, der zugestimmt habe, seine Gewalten bereits an seinen Nachfolger verloren habe: so v. Jagemann.

B. Von manchen freilich wird die erwähnte Vereinigung der beiden genannten Prinzipien auch auf die **Publikation** angewandt, aber — wie hier schon der späteren Kritik vorgreifend bemerkt sei, — ohne die Publikation selbst irgendwie berührende Gründe.

a) Denn entweder wird nur das Moment der zeitlichen Willenseinigung — unter Berufung auf Art. 5 der Reichsverfassung — zur Begründung angeführt, obwohl die Publikation mit der durch die Sanktion zum Ausdruck gelangten Willenseinigung nichts mehr zu tun hat: so von Jastrow, welcher darin den Grund dafür sieht, daß jedenfalls nach Zusammentritt einer neuen Volksvertretung ein von der früheren angenommenes Gesetz nicht mehr publiziert werden könne;

b) oder es wird ohne weitere Begründung erklärt, daß die Sanktion und die Publikation nur während des „Bestehens" oder des „Mandats" der Volksvertretung, welche die Zustimmung zum Gesetzentwurf gegeben habe, gültig vorgenommen werden könne: so v. Roth, welcher damit die Forderung der Publikation bis Schluß der Legislaturperiode, Hermann Schulze, welcher damit die Forderung der Publikation bis zur Neuwahl zu rechtfertigen sucht, und Georg Meyer, der damit für das Landesrecht die Schlußfolgerungen von v. Roth, für das Reichsrecht die gleichen wie Schulze zieht.

Der einzige, der für seine Ansicht ein Moment anführt, welches, wenn es zutreffend wäre, die Publikation selbst berührt, ist Rosin, der behauptet, daß die Publikation nur bis zur Neuwahl zulässig sei, weil die Rechtsgültigkeit eines Gesetzes nach den zur Zeit der Publikation bestehenden rechtlichen Vorschriften zu beurteilen sei.

C. Außer diesen Gründen werden aber auch noch weitere angeführt: So bildet „das Wesen der hessischen Verfassung" nach Cosack den einzigen Grund für die Sanktion bis zur Beendigung des Landtags; nach Wielandt „die Natur der Sache" den einzigen Grund dafür, daß in Baden mit der Eröffnung eines neuen Landtags die noch nicht bestätigten vom vorigen Landtag herrührenden Gesetzentwürfe hinfällig werden.

Auch neben anderen Gründen wird „der Geist und die rechtliche Natur des konstitutionellen Gesetzgebungsverfahrens" von Müller-Meiningen und „die Natur der Sache" von Bornhat angeführt, und von Geffcken ein „allgemein gültiges konstitutionelles Prinzip" behauptet.

Endlich nimmt v. Stengel neben anderen Gründen für seine Ansicht ein allgemeines, auch im Deutschen Reiche anerkanntes Gewohnheitsrecht in Anspruch.

---

2. Abschnitt:

§ 9.

Die Theorie des „modicum tempus".

Unter den Fristentheorien steht denjenigen, welche an bestimmte mit der Session oder der Legislaturperiode zusammenhängende Momente im Dasein der Volksvertretung anknüpfen, die — allerdings nur für die Sanktion — von Walter **Frormann**[1]) aufgestellte und bis jetzt von ihm allein vertretene Theorie gegenüber, welche die Sanktion nicht bis zu einem bestimmten Zeitpunkt, sondern innerhalb eines „je nach den Umständen zu bemessenden modicum tempus" fordert.

Frormann verwirft aus den auch von den Anhängern der unbegrenzten Sanktionsfrist vertretenen (und daher unten anzuführenden) Gründen die mit der Session und der Legislaturperiode in Zusammenhang gebrachten Fristgrenzen als willkürlich und jeder rechtlichen Grundlage entbehrend und fügt noch hinzu, daß das konstitutionelle Gesetzgebungsverfahren auch keine weiteren markanten Zeitabschnitte aufweise, die in Frage kommen könnten. Der Annahme aber, daß um deswillen die Sanktion überhaupt an keinerlei zeitliche Schranke gebunden sei, steht nach seiner Ansicht[2]) die „allgemeine Erwägung" entgegen, daß für das Gesetzgebungsverfahren wie für alle rechtlich erheblichen Tatbestände, welche sich als Willenseinigung einer Mehrzahl von Personen darstellten, eine gewisse Geschlossenheit gefordert werden müsse, wie es beispielsweise beim Vertrage des Privatrechts nicht minder als des öffentlichen Rechts geschehe. Dies folge aus dem inneren Grund, demzufolge die Rechtsordnung der Willenseinigung mehrerer Per-

---

[1]) Frormann, „Eine Streitfrage aus dem Rechte des konstitutionellen Gesetzgebungsverfahrens," Archiv für öffentliches Recht, Bd. 14 (1899), S. 503—514.

[2]) Frormann, a.a.O., S. 512.

sonen rechtliche Erheblichkeit beimesse; ihr sei die innere Willensübereinstimmung der mehreren Personen das maßgebende, nicht die äußere Erklärung, welche nur dadurch Bedeutung gewinne, daß sie unerläßliches Äußerungsmittel des inneren Willens sei. Wenn ihre Bedeutung zum Teil weiter ausgedehnt worden sei, so daß sie in manchen Beziehungen ohne Rücksicht auf den hinter ihr stehenden Willen als maßgebend erscheine, so sei das eine nur aus praktischen Rücksichten zu erklärende Anomalie, die nicht unnötig zu einer völligen Verkehrung des Verhältnisses zwischen Wille und Erklärung führen dürfe. Für einer solchen Verkehrung dieses Verhältnisses gleichbedeutend hält es aber Frormann, wenn man der zu einer Willenseinigung mehrerer Personen erforderlichen Willensäußerung der einen Person zeitlich unbegrenzte Wirksamkeit beließe. Aus der Notwendigkeit der durch die Willenseinigung bedingten Geschlossenheit des Gesetzgebungsverfahrens folge daher, daß die Sanktion eines von der Volksvertretung angenommenen Gesetzentwurfs nur innerhalb einer solchen Frist geschehen könne, daß dem ganzen Gesetzgebungsverfahren seine Geschlossenheit gewahrt bleibe. Da aber die Forderung der sofortigen Sanktion den Schwierigkeiten der Gesetzgebung nicht gerecht werde, weil jeder gewissenhafte Entschluß des Gesetzgebers sorgfältige Prüfung meist auf Grund umfangreicher tatsächlicher Erhebungen bedürfe, müsse dem monarchischen Organ allemal ein je nach den Umständen zu bemessendes **modicum tempus** belassen werden, innerhalb dessen es seine Sanktion zu erteilen vermöge.[3]) Laufe diese Frist ohne Erteilung der Sanktion ab, so verliere die gesetzgeberische Willensäußerung der Volksvertretung über den Gesetzentwurf ihre Wirksamkeit, eine später erteilte Sanktion vermöge dann ein gültiges Gesetz nicht mehr zu bewirken.

Frormann hebt selbst hervor, daß diese Antwort für die Entscheidung des Einzelfalles nur unbestimmten Anhalt bietet, sieht aber darin gerade einen Vorzug. Jedenfalls wahre diese Theorie den Grundsatz der Geschlossenheit des Gesetzgebungsverfahrens und vergebe einerseits gerechten Ansprüchen der Volksvertretung nichts, wie sie andererseits billigen Anforderungen der Regierung zur Genüge entgegenkomme.

[3]) Frormann, a.a.O., S. 513.

II. Kapitel:

Widerlegung der Fristentheorien. Nachweis der zeitlichen Unbegrenztheit des Sanktionsrechts und der rechtlichen Notwendigkeit alsbaldiger Publikation.

1. Abschnitt:

§ 10.

Allgemeines.

Den Vertretern der in dem vorigen Kapitel erörterten Fristentheorien, welche zwar mit den verschiedensten Zeitpunkten die Frist begrenzen, deren Theorien sich aber doch nach positiven Gesichtspunkten zusammenfassen lassen in die beiden Gruppen der Sessions- und der Legislaturperiodentheorien, zu denen noch die nur von Frormann vertretene Theorie des „modicum tempus" hinzutritt, stehen gegenüber alle diejenigen, welche diese — fest oder je nach den Umständen begrenzten — Fristen für Sanktion und Publikation verwerfen. Nur unter diesem negativen Gesichtspunkt kann man m. E. die Ansichten der letzteren zusammenfassen, während ich eine Vereinigung derselben unter einem positiven Gesichtspunkt — etwa als Theorien des zeitlich unbegrenzten Sanktions- und Publikationsrechts, — wie dies häufig geschieht, nicht für richtig halten kann, und zwar aus folgenden Gründen:

Die überwiegende Mehrzahl der Gegner der Fristentheorien beschränkt sich nämlich darauf, die Begründungen der Fristentheorien als nicht stichhaltig nachzuweisen und deshalb die für Sanktion und Publikation behaupteten Fristentheorien zu verwerfen, mitunter noch unter Hinzusetzung einer allgemeinen Wendung dahin lautend, daß eine Frist um deswillen überhaupt nicht existiere. Diese rein negative Beweisführung allein aber genügt m. E. noch nicht zum Nachweis einer unbegrenzten Frist, insbesondere nicht für Sanktion und Publikation, ja sie läßt es überhaupt unklar, ob ihre Vertreter tatsächlich eine unbegrenzte Frist für Sanktion und nach erfolgter Sanktion die gleiche Frist auch für die Publikation als bestehend behaupten wollen. Denn gerade von ihnen wird in der Regel zwischen Sanktion und Publikation gar nicht geschieden, was seinen inneren Grund darin haben mag, daß die Sanktion meist erst durch die Publikation erkennbar wird.

Nur eine kleinere Anzahl geht über diesen negativen Standpunkt und über die negative Beweisführung hinaus, stellt positive Theorien auf und sucht positive Gründe für sie anzuführen. Aber auch hier wird wieder von den meisten zwischen Sanktion und Publikation nicht geschieden, sei es daß sie beide, weil die Sanktion in der Regel erst durch die Publikation erkennbar wird, stillschweigend als zu gleicher Zeit erfolgend ansehen, sei es daß sie positive Begründungen nur für die Sanktion anführen, für die Publikation sich aber auf die negative Beweisführung beschränken.

Eine klare Scheidung zwischen Sanktion und Publikation, insbesondere bezüglich der Beweisführung, führen nur die wenigsten durch,[1]) freilich mit dem verschiedenen Ergebnis, daß manche für Sanktion und Publikation die gleiche, d. h. unbeschränkte Frist behaupten, manche dagegen für die Publikation zu einem anderen Resultat wie für die Sanktion, nämlich zu der Forderung alsbaldiger Publikation nach erfolgter Sanktion kommen.

Aus diesen Ausführungen ergibt sich die Einteilung des Folgenden: Während der nächste Abschnitt der Widerlegung der Fristentheorien dienen wird, d. h. der negativen Beweisführung, daß die aufgestellten Fristentheorien nicht zu halten sind, werden die beiden darauf folgenden Abschnitte getrennt für Sanktion und Publikation sich mit der positiven Beantwortung der Frage zu befassen haben, wann mangels einer gesetzlichen Bestimmung und mangels durch die Theorie aufstellbarer Fristen Sanktion und Publikation vorgenommen werden können bzw. müssen, und zwar mit dem Ergebnis, daß für die Sanktion keinerlei Frist besteht, dagegen bezüglich der Publikation nach erfolgter Sanktion alsbaldige Vornahme zu fordern ist.

Da die Einteilung der folgenden Abschnitte in einer systematischen Übersicht der Gründe besteht, werden bei Besprechung der einzelnen Gründe die Vertreter derselben namentlich anzuführen

---

[1]) Dies gilt auch für die Vertreter der Fristentheorien!

sein. Soweit ihnen aber das negative Moment gemeinsam ist, daß sie die aufgestellten Fristentheorien verwerfen, — wobei indessen fast nur die Sessions- und die Legislaturperiodentheorien in Betracht kommen, da die nur von Frormann vertretene Theorie des „modicum tempus“ erst 1899 aufgestellt wurde und in der Literatur nur wenig Beachtung gefunden hat, — seien sie schon an dieser Stelle angeführt:

In älterer Zeit, womit hier die Zeit bezeichnet sein soll, in welcher von einer eigentlichen Streitfrage über die Sanktions- und Publikationsfrist im konstitutionellen deutschen Staatsrecht noch nicht gesprochen werden kann, verwerfen jegliche Fristbegrenzung für das allgemeine deutsche Staatsrecht Zöpfl,[2]) Zachariä[3]) und Held.[4])

Seitdem die erwähnte Frage zu einer Streitfrage des deutschen Staatsrechts geworden ist, bekennen sich als Gegner der Fristentheorien

1. für das **deutsche Reichs- und Landesstaatsrecht** Jellinek,[5]) Anschütz[6]) und v. Gerber,[7]) von denen allerdings die beiden letzteren ihre Ausführungen auf die Sanktionsfrist beschränken, v. Gerber insbesondere nur die Sessionstheorie erwähnt und nur sie für unrichtig erklärt.

2. Für das Staatsrecht des **Deutschen Reiches** im besondern werden die Fristentheorien verworfen von v. Seydel,[8]), Laband[9]) und Arndt,[10]) von denen die beiden ersteren früher[11])

---

[2]) Zöpfl, Grundsätze des allgemeinen und des konstitutionell-monarchischen Staatsrechts mit Rücksicht auf das gemeingiltige Recht in Deutschland, 1. Aufl. (1841), S. 175; 5. Aufl. (Grundsätze des gemeinen deutschen Staatsrechts) (1863), Bd. II, S. 326 ff.

[3]) Zachariä, Deutsches Staats- und Bundesrecht, 1. Aufl. (1841/45), Bd. II, S. 125 (§ 132); 3. Aufl. (1865/67), Bd. II, S. 177 (§ 161).

[4]) Held, System des Verfassungsrechts der monarchischen Staaten Deutschlands, (1856/57) Bd. II, S. 92 f. (§ 252) und S. 490 f. (§ 413).

[5]) Jellinek, Gesetz und Verordnung, S. 330 ff.

[6]) Anschütz, Deutsches Staatsrecht in v. Holtzendorff's Enzyklopädie, 6. Aufl., Bd. II, S. 600 und 601; Tägliche Rundschau, 1904, Nr. 135.

[7]) v. Gerber, Grundzüge eines Systems des Deutschen Staatsrechts, 1. Aufl. (1865), S. 142; 3. Aufl. (1880), S. 151 (§ 46, Anm. 9).

[8]) v. Seydel, Kommentar zur Verfassungsurkunde für das Deutsche Reich, 2. Aufl., S. 117 ff. (zu Art. 5, Anm. II).

[9]) Laband, Staatsrecht des Deutschen Reiches, 4. Aufl., Bd. II,

Anhänger der Sessionstheorien, letzterer früher[12]) Anhänger der Legislaturperiodentheorie war, ferner von Hermann Seuffert,[13]) Henle[14]) sowie in neuster Zeit von Kahl,[15]) Burger[16]) und Kleine,[17]) welch letzterer jedoch nur die Frage der Sanktionsfrist behandelt.[18])

3. Auch in der Literatur des Staatsrechts einzelner deutscher Gliedstaaten wird die gleiche Ansicht vertreten, d. h. jede Frist verworfen, und zwar

a) für das Königreich **Preußen** von Fleischmann,[19]) Schwartz[20]) und in neuster Zeit auch von Arndt,[21]) der früher[22]) auch für Preußen die Legislaturperiodentheorie vertrat,

---

S. 55 (§ 55, VI); und: „Die Aufhebung des § 2 des Jesuitengesetzes", Deutsche Jur. Zeit., 1904, Nr. 7, S. 321 ff.

10) Arndt, Staatsrecht des Deutschen Reiches, S. 182 f.; Verfassung des Deutschen Reiches, (zu Art. 5, Anm. 5 und zu Art. 13), 2. Aufl., S. 108 und 138 f., 3. Aufl., S. 126 f. und 162; Tägliche Rundschau, 1904, Nr. 135; „Gesetzesauslegung und Anwendung zur Frage der Gesetzesaktion" im „Recht", 1904, Nr. 8, S. 205 ff.

11) s. oben § 7, A bezw. § 7, B.

12) s. oben § 8, B.

13) Hermann Seuffert, „Die deutsche Strafgesetzgebung im Jahre 1893" in der Zeitschrift für die gesamte Strafrechtswissenschaft, 14. Bd., S. 607—610.

14) Henle, Die Wuchergesetze, S. 106, Anm. 167.

15) Kahl, Tägliche Rundschau, 1904, Nr. 127.

16) Burger, „Die angebliche Nichtigkeit des neuen Jesuitengesetzes in der Allgemeinen Rundschau, Wochenschrift für Politik und Kultur, I. Jahrg. (1904), Nr. 2, S. 19 f., Nr. 3, S. 38 f. und Nr. 4, S. 54 f.

17) Kleine, „Besteht eine Zeitgrenze für die verfassungsmäßige Zustimmung des Bundesrats zu den vom Reichstag beschlossenen Gesetzentwürfen?" S. 40 ff. (§ 9—13).

18) Auch v. Mohl, (Das deutsche Reichsstaatsrecht, S. 255 f.) hebt, ohne allerdings die Streitfrage zu erwähnen, hervor, daß „eine Frist hinsichtlich einer dem Reichstag mitzuteilenden Erklärung des Bundesrats nicht vorgeschrieben" sei.

19) Fleischmann, Der Weg der Gesetzgebung in Preußen, S. 30 f., 60 ff. und 86 ff.

20) Schwartz, Die Verfassungsurkunde für den Preußischen Staat, 2. Ausgabe, S. 202 f. (zu Art. 62, Anm. C).

21) Arndt, Die Verfassungsurkunde für den Preußischen Staat, (zu Art. 62, Anm. 5 und zu Art. 106, Anm. 3) 4. Aufl., S. 191 u. 264; 5. Aufl., S. 245; 6. Aufl., S. 257 f. u. 366.

22) s. oben § 8, B.

b) für das Königreich **Württemberg** von v. Sarwey,[23]) der jedoch nur die Sanktionsfrist behandelt, ferner von Bitzer,[24]) Gaupp[25]) und Göz[26]) und

c) für das Großherzogtum **Baden** von Dorner[27]) und Walz.[28])

---

2. Abschnitt:

Widerlegung der Fristentheorien.

§ 11.

1. Kritik der Sessionstheorien.

A. Was zunächst die Sessionstheorien anbetrifft, so haben, wie oben erwähnt, Hiersemenzel und im Anschluß an ihn v. Seydel den Wortlaut des Art. 13 der Verfassung des Norddeutschen Bundes bzw. des Deutschen Reiches „Es kann der Bundesrat zur Vorbereitung der Arbeiten ohne den Reichstag, letzterer aber nicht ohne den Bundesrat berufen werden" dahin ausgelegt, daß der Bundesrat, wenn nicht gleichzeitig der Reichstag einberufen sei, „nur" die Arbeiten vorbereiten, nicht aber über die stattgehabten Arbeiten des Reichstags beschließen könne, und deshalb, wenn der Reichstag nicht mehr versammelt ist, d. h. nach Sessionsschluß, eine Sanktion rechtlich nicht mehr zulässig sei. Es kann indessen keinem Zweifel unterliegen, daß diese Interpretation des Art. 13, welche sich lediglich durch einen nicht zu rechtfertigenden Zusatz des Wortes „nur" ermöglichen ließ,[1]) rechtlich unhaltbar ist.

[23]) v. Sarwey, Das Staatsrecht des Königreichs Württemberg, Bd. II, S. 61 f. (§ 82).

[24]) Bitzer, Regierung und Stände in Württemberg, S. 268 ff.

[25]) Gaupp, Das Staatsrecht des Königreichs Württemberg im H. d. Bd. III, 1, 2, 3. Aufl., S. 77 und 180; im ö. R. d. G., Bd. II, S. 86 u. 214;

[26]) Göz, Das Staatsrecht des Königreichs Württemberg im H. d. ö. R., Bd. III, 1, 2, 3. Aufl., S. 77 und 180; im ö. R. d. G., Bd. II, S. 86 u. 214; Die Verfassungsurkunde für das Königreich Württemberg, S. 332 f. (zu § 172, Anm. 4, c).

[27]) Dorner, Das badische Ausführungsgesetz zum Bürgerlichen Gesetzbuch, S. 4, Anm. 9.

[28]) Walz, Das Staatsrecht des Großherzogtums Baden im ö. R. d. G., Bd. V, S. 211 f.

[1]) wie schon v. Rönne (Staatsrecht des Deutschen Reiches, 2. Aufl., Bd. II, Abt. 1, S. 51) betont.

Der dem Art. 37 Ziffer 1 der Verfassung des Norddeutschen Bundes entsprechende Art. 7 Ziffer 1 der Verfassung des Deutschen Reiches, welcher besagt, daß der Bundesrat über die dem Reichstag zu machenden Vorlagen und die von demselben gefaßten Beschlüsse beschließt, enthält keinerlei Bestimmungen darüber, daß diese letztgenannten die Sanktion enthaltenden Beschlüsse des Bundesrats während der Session des Reichstags gefaßt werden müssen. Der Sinn des Art. 13 ist vielmehr lediglich der, daß der Reichstag zwar nicht ohne den Bundesrat berufen werden kann, daß aber der Bundesrat auch schon vor der Berufung des Reichstags berufen werden darf, nämlich in erster Linie um die Geschäfte vorzubereiten. Dagegen hat die Reichsverfassung nicht vorgeschrieben, daß Bundesrat und Reichstag gleichzeitig geschlossen werden müssen, — ist doch der Bundesrat tatsächlich seit dem Jahre 1883 überhaupt nicht mehr „geschlossen" worden! — und kann daher der Bundesrat auch noch nach Schluß des Reichstags „über die von demselben gefaßten Beschlüsse" beschließen. Andernfalls hätten auch die Beschlüsse des Reichstags aus den letzten Tagen einer Session nicht den geringsten Wert, da es dem Bundesrat nicht mehr möglich sein würde, die Sanktion zu erteilen.

B. Aber auch der Grund, auf welchen die übrigen Vertreter der Sessionstheorien — insbesondere für das Reich und für Preußen — in erster Linie die Behauptung stützen, daß nach Beginn einer neuen Session sowohl Sanktion wie Publikation nicht mehr zulässig seien, ist leicht zu widerlegen: Sie berufen sich auf das — ja auch von Hiersemenzel für seine Ansicht in zweiter Linie herangezogene — Prinzip der Diskontinuität der Sessionen, nach welchem Geschäfte, die in einer Session begonnen und nicht erledigt worden sind, in einer späteren Session nicht einfach fortgesetzt werden können, sondern von neuem begonnen werden müssen, dessen Anwendung auf Sanktion und Publikation aber aus zwei Gründen ausgeschlossen ist:

1. Erstens gilt dieses Prinzip lediglich für solche Geschäfte des Parlaments, welche in einer Session im Parlament selbst nicht erledigt worden sind, vielmehr am Schlusse der Session noch schweben,[2]) was übrigens im

[2]) cf. Bornhak, Preußisches Staatsrecht, S. 500; Frormann, a.a.O., S. 510; Kleine, a.a.O., S. 42; v. Sarwey, a.a.O., S. 62;

Deutschen Reich, wo das Prinzip in § 70 Abs. 2 der Geschäftsordnung des Reichstags, und in Preußen, wo es in § 80 der Geschäftsordnung des Herrenhauses und in § 74 der Geschäftsordnung des Abgeordnetenhauses enthalten ist, klar aus dem — in den drei Geschäftsordnungen gleichen — Wortlaut hervorgeht: „Gesetzes-Vorlagen, Anträge und Petitionen sind mit dem Ablauf der Sitzungsperiode (Geschäftsordnung des Herrenhauses: Session), in welcher sie eingebracht und noch nicht zur Beschlußnahme gediehen sind, für erledigt zu erachten." Was aber von schwebenden, d. h. noch nicht „zur Beschlußnahme gediehenen" Geschäften des Parlaments gilt, hat mit nichten ipso iure auch seine Gültigkeit für die bereits erledigten.[3]) Wenn aber das Parlament einen Gesetzentwurf bereits durchberaten und angenommen hat, so ist der Entwurf für das Parlament erledigt, und daher kann, wo nichts mehr fortzusetzen ist, auch das Prinzip der Diskontinuität keine Anwendung mehr finden.[4]) Fertige, zustande gekommene Beschlüsse können daher beim Beginn einer neuen Session nicht einfach als annulliert, als erloschen gelten.[5])

2. Aus dem Gesagten geht aber schon indirekt der zweite Grund hervor, der die Anwendung des Prinzips der Diskontinuität der Sessionen hier ausgeschlossen erscheinen läßt: Das Prinzip gilt, weil es ja nur auf schwebende und nicht auf für das Parlament erledigte Sachen anwendbar ist, nur für den inneren Geschäftsverkehr des Parlaments und ist nicht anwendbar auf das Verhältnis des letzteren zum Träger der Staatsgewalt.[6]) Es ist lediglich eine interne Vorschrift, nur gültig und wirksam für ein und dieselbe Körperschaft, was seine Bestätigung auch darin findet, daß da, wo das Prinzip seine formelle Fixierung gefunden hat, es sich in den Geschäftsordnungs-

---

Gaupp a.a.O., S. 73; Göz, Verfassungsurkunde a.a.O., S. 332 und Staatsrecht im ö.R.d.G., a.a.O., S. 86.

[3]) cf. Jellinek, a.a.O., S. 331.

[4]) v. Seydel, a.a.O., S. 118.

[5]) v. Gerber, a.a.O., 3. Aufl., S. 151; Hermann Schulze, Das Preußische Staatsrecht, 2. Aufl., Bd. II, S. 23; Schwartz a.a.O. S. 203; Ulbrich a.a.O., S. 388.

[6]) cf. Meyer, a.a.O., 6. Aufl., S. 569, (zu § 158, Anm. 18); Geffcken a.a.O.; Müller-Meiningen, Annalen a.a.O., S. 304; Fleischmann a.a.O. S. 86; Frormann a.a.O., S. 510.

vorschriften der Parlamente findet, so z. B. in den — sogar nur autonom beschlossenen! — Geschäftsordnungen des deutschen Reichstags, des preußischen Herrenhauses und des preußischen Hauses der Abgeordneten. Darüber hinaus kann das Prinzip der Diskontinuität eine Wirkung nicht entfalten, namentlich nicht die verfassungsmäßigen Rechte irgend eines anderen Gesetzgebungsfaktors berühren und daher auch nicht den Träger der Staatsgewalt, welcher die Sanktion zu erteilen hat, in irgend einer Weise binden.[7]) „Ein so wichtiger und weittragender staatsrechtlicher Grundsatz müßte — wie mit Recht Zorn[8]) bemerkt — positiv in der Verfassung zum Ausdruck gelangt sein. Durch Geschäftsordnungsvorschriften und tatsächliche Vorgänge aber kann ein derartiger Fundamentalsatz des Staatsrechts nicht geschaffen werden."[9]) [10])

C. Weitere rechtliche Gründe sind aber — abgesehen von dem behaupteten Bestehen eines Gewohnheitsrechtes, welches noch zu besprechen ist,[11]) — für die Sessionstheorien nicht geltend gemacht.

---

[7]) cf. Arndt, Verfassung des Deutschen Reichs, 3. Aufl., S. 162 und im „Recht" a.a.O., S. 206; Kahl a.a.O.; Müller-Meiningen, Annalen a.a.O., S. 304; Kleine a.a.O., S. 42.

[8]) in der von ihm bearbeiteten 5. Auflage des v. Rönne'schen Staatsrechts der Preußischen Monarchie, Bd. I, S. 349.

[9]) Dagegen geht Zorn (Staatsrecht des Deutschen Reiches, 2. Aufl., S. 243, zu § 8, Anm. 65) zu weit, wenn er behauptet, daß die Geschäftsordnung des Reichstags das Prinzip der Diskontinuität „in zweifelloser Überschreitung des ihr gezogenen Rahmens" geschaffen habe. Denn Art. 27 der Reichsverfassung gibt dem Reichstag ja das Recht, „seinen Geschäftsgang durch eine Geschäftsordnung" zu regeln. Über den Geschäftsgang des Reichstags hinaus hat aber, wie oben nachgewiesen, das Prinzip der Diskontinuität keine Wirksamkeit.

[10]) Mit Recht führte daher auch Staatsminister Dr. Jolly in der badischen Zweiten Kammer, als in dem von der Kommission auf dem Landtage 1869/70 ausgearbeiteten Entwurf einer neuen Geschäftsordnung in § 100 eine Sanktionsfrist, dauernd bis zum Beginn des nächstfolgenden Landtags, vorgesehen war, aus, daß eine solche Vorschrift nicht in die Geschäftsordnung gehöre, sondern nur durch Verfassungsgesetz festgesetzt werden könne; die fragliche Bestimmung wurde in dem Entwurfe auch gestrichen. cf. Verhandlungen der Ständeversammlung des Großherzogtums Baden, 1869/70 (24. Landtag) Zweite Kammer, Protokolle S. 147 und 6. Beilageheft S. 363.

[11]) s. unten § 14.

Denn die von v. Rönne[12] und früher auch von Laband[13]) angeführte „Rücksicht auf die Volksvertretung“ ist kein rechtliches, sondern lediglich ein politisches Moment.[14] Schließlich sei auch noch darauf hingewiesen, daß es praktisch und technisch z. B. im Deutschen Reiche für den Bundesrat ganz unmöglich wäre, in der kurzen Zeit einer Session die Sanktion zu einem umfangreichen Initiativantrage des Reichstags zu erteilen, da dieselbe häufig weitgehende Erhebungen seitens der einzelnen Regierungen zur Voraussetzung hat.[15]

---

§ 12.

2. Kritik der Legislaturperiodentheorien.

Wie in § 8 gezeigt, gehen die Anhänger der Legislaturperiodentheorien in ihrer überwiegenden Mehrzahl bei ihrer Beweisführung aus von dem Erfordernis der Willenseinigung zwischen Träger der Staatsgewalt und Volksvertretung in seiner Anwendung auf die Zeit, wobei zwei Prinzipien zugrunde gelegt werden:

einmal das Prinzip der völligen rechtlichen Gleichstellung des Trägers der Staatsgewalt und der Volksvertretung bei der Gesetzgebung

und zum andern das dem immer gleichbleibenden Träger der Staatsgewalt gegenübergestellte Prinzip der periodischen Erneuerung der Volksvertretung, welches seinen Ausdruck finde in den Legislaturperioden.

Mit anderen Worten: Sie fordern Willenseinigung innerhalb eines mit der Legislaturperiode im Zusammenhang gebrachten Zeitraumes, weil

A. einerseits Träger der Staatsgewalt und Volksvertretung bei der Gesetzgebung rechtlich völlig gleichgestellt seien,

---

[12]) Staatsrecht des Deutschen Reiches, 2. Aufl., Bd. II, S. 51.

[13]) in den drei ersten Auflagen seines Staatsrechts des Deutschen Reiches.

[14]) cf. Bornhak, Preußisches Staatsrecht, S. 500; Kahl a. a. O.; Laband, D. Jurist. Zeitung, a. a. O.

[15]) cf. Müller-Meiningen, Annalen, a. a. O., S. 304; Kleine, a. a. O., S. 41; Reichstagabgeordneter Spahn, Sten. Ber. d. d. Reichstags, XI. Leg.-Per., 1. Session (N. O. Bd. 199), S. 2029, C—D.

B. andererseits aber die Lebensdauer des erklärten Willens der Volksvertretung von der Dauer der Legislaturperiode abhängig sei.

Beides ist indessen nicht richtig.

I. Sanktion.

A. Was zunächst für die Sanktion die behauptete völlige rechtliche Gleichstellung von Träger der Staatsgewalt und Volksvertretung anbetrifft, so gehen die Vertreter dieser Ansicht, gestützt auf den Wortlaut verschiedener oben erwähnter Verfassungsurkunden, davon aus, daß die übereinstimmenden Mehrheitsbeschlüsse von Träger der Staatsgewalt und Volksvertretung zu einem Gesetz erforderlich und ausreichend seien. Dieser Grundsatz ist aber trotz des anscheinend damit übereinstimmenden Wortlautes mancher Verfassungen nicht richtig, wenigstens nicht für die *monarchisch regierten Gliedstaaten des Deutschen Reiches* und für das auf monarchischer Grundlage aufgebaute *Deutsche Reich* selbst. Weder die übereinstimmenden Beschlüsse von Bundesrat und Reichstag im Deutschen Reich noch von Monarch und Landtag in den monarchisch regierten Gliedstaaten genügen tatsächlich zu einem Gesetz trotz aller „inneren Übereinstimmung", die in solch gleichlautenden Beschlüssen liegt; sondern *der Staatswille wird erst Gesetz durch einen dem Beschluß der Volksvertretung* **nachfolgenden** *Beschluß des Trägers der Staatsgewalt: durch die Sanktion.* Wohl kann letzterer zeitlich an erster Stelle, also vor der Volksvertretung einen Beschluß darüber fassen, was er zum Gesetz erhoben haben will. Ja diese zeitliche Reihenfolge wird sogar die Regel bilden, weil es zu den wichtigsten Aufgaben des Trägers der Staatsgewalt gehört, für die Fortbildung der Gesetzgebung zu sorgen; und der seltenere Fall wird der sein, daß die Volksvertretung einen fertigen Gesetzesvorschlag vorlegt. Aber auch wenn der Träger der Staatsgewalt zuerst einen derartigen Beschluß gefaßt hat, und die Volksvertretung demselben ohne Änderung zustimmt, also bereits „übereinstimmende Mehrheitsbeschlüsse" vorliegen, ist dennoch stets ein der Entscheidung der Volksvertretung nachfolgender, jedoch im freien Belieben stehender Beschluß des Trägers der Staatsgewalt erforderlich, welcher erst endgültig bestimmt, ob ein Staatswille Gesetz werden soll: die Sanktion. In ihr kommt daher erst der staatliche Herrschaftswille unmittelbar zum Ausdruck,[1]) und das Recht, sie zu erteilen, kann deshalb nur dem Träger der Staatsgewalt zustehen, also dem Monarchen in den monarchisch regierten Gliedstaaten und dem Bundesrat als dem Repräsentanten des Trägers der Staatsgewalt im Reiche, dem sie indessen durch Art. 7 Z. 1 der Reichsverfassung noch ausdrücklich verliehen ist. „Die Sanktion ist mithin der Kernpunkt des Gesetzgebungsverfahrens; alles, was vorher auf dem Wege der Gesetzgebung geschieht, ist daher nur Vorbereitung derselben, Erfüllung von erforderlichen Vorbedingungen",[2]) zu welchen also auch die verfassungsmäßig vorgeschriebene Zustimmung der Volksvertretung gehört.

Hieraus dürfte zur Genüge hervorgehen, wie grundverschieden in den erwähnten deutschen Verfassungen die rechtliche Stellung von Trägern der Staatsgewalt und Volksvertretung bei der Gesetzgebung ist, und wie die Behauptung einer völligen rechtlichen Gleichstellung beider die Grundlage dieser Verfassungen verkennt, d. h. verkennt, daß nach ihnen der Träger der Staatsgewalt allein der Gesetzgeber ist, was sich in seinem Sanktionsrecht klar zeigt.[3])

Hieran kann auch weder für Preußen der Wortlaut des Art. 62 seiner Verfassung: „Die gesetzgebende Gewalt wird gemeinschaftlich durch den König und durch zwei Kammern ausgeübt; die Übereinstimmung des Königs und beider Kammern ist zu jedem Gesetz erforderlich" noch für das Deutsche Reich der Wortlaut des Art. 5 der Reichsverfassung: „Die Reichsgesetzgebung wird ausgeübt durch den Bundesrat und den Reichstag; die Übereinstimmung der Mehrheitsbeschlüsse beider Versammlungen ist zu einem Reichsgesetze erforderlich und ausreichend" etwas ändern. Wie dieser anscheinend den Träger der Staatsgewalt und die Volksvertretung bei der Gesetzgebung völlig gleichstellende, mit dem Wesen beider Verfassungen in dieser Hinsicht aber im Widerspruch stehende Wortlaut seine

---

[1]) Laband, Staatsrecht des Deutschen Reiches, 4. Aufl., Bd. II, S. 26.

[2]) Laband, a. a. O., Bd. II, S. 27.

[3]) Vgl. hierzu namentlich: Meyer, Anteil der Reichsorgane an der Reichsgesetzgebung, und zwar für das Reich bes. S. 45 und 58, für Preußen bes. S. 24 und 34; ferner v. Seydel, Kommentar, a. a. O., S. 116 (zu Art. 5, Anm. I).

Grundlage in falschen staatsrechtlichen Theorien hat und durch diese in die Verfassungsurkunden gekommen ist, weist eingehend Laband[4]) nach: Nach ihm ist er auf die Lehre von der Teilung der Gewalten zurückzuführen, die zur Folge hatte, daß zunächst in der französischen Literatur des konstitutionellen Staatsrechts, besonders der Verfassung von 1791 die Sanktion des Gesetzes durch den König als ein der Genehmigung des Gesetzes durch die Kammern gleichartiger Akt, als eine Erklärung von gleichem Willensinhalte angesehen wurde; diese Anschauungen wurden auch in Deutschland geltend, und namentlich folgte die preußische Verfassung vom 31. Januar 1850 mit dem Wortlaut des Art. 62 der damals herrschenden Theorie von der Gleichartigkeit der Funktionen des Königs und des Landtags bei der Ausübung der Gesetzgebung; auf dem Wortlaut des Art. 62 der preußischen Verfassung beruhte aber wiederum die Fassung des Art. 5 der Verfassung des Norddeutschen Bundes bzw. des gleichen Artikels der Reichsverfassung.

Mit Rücksicht auf diese Entstehung des Wortlautes darf man sich keineswegs mit einer oberflächlichen Wortinterpretion, welche allerdings zunächst eine rechtliche Gleichstellung von Träger der Staatsgewalt und Volksvertretung zu ergeben scheint, begnügen. Indessen steht m. E. der Wortlaut auch nur scheinbar in Widerspruch zu den Grundlagen dieser Verfassungen. Wenn nämlich die Reichsverfassung ebenso wie die preußische Verfassung zunächst bestimmt, daß die Übereinstimmung der Beschlüsse von Träger der Staatsgewalt und Volksvertretung zu einem Gesetz erforderlich seien, so ist dies ja unter Berücksichtigung des Unterschieds in der rechtlichen Stellung beider Organe bei der Gesetzgebung insoweit richtig, als eben von einer Zustimmung der Volksvertretung nur gesprochen werden kann, wenn ihr Beschluß mit dem des Trägers der Staatsgewalt tatsächlich übereinstimmt. Und wenn die Reichsverfassung noch ausdrücklich den in der preußischen Verfassung nicht enthaltenen Zusatz macht, daß diese übereinstimmenden Beschlüsse von Bundesrat und Reichstag auch „ausreichend" seien, so kann dies allein die Bedeutung haben, daß irgendwelche anderen Faktoren, namentlich der Kaiser, an der Bildung des Gesetzeswillens

[4]) Laband a. a. O., Bd. II, S. 6—9.

keinen Anteil haben sollen; denn einer Interpretation des Wortes „ausreichend" in dem Sinn, daß mit dem Vorliegen gleichlautender Beschlüsse von Bundesrat und Reichstag ein Reichsgesetz bereits entstanden sei, steht allein schon die Bestimmung des Art. 7 Z. 1, ja auch Art. 2 und Art. 17 der Reichsverfassung im Wege.

Eine tatsächliche rechtliche Gleichstellung von Monarch und Volksvertretung würde übrigens auch dem Wesen der deutschen Monarchien direkt widersprechen. Denn darin liegt ja gerade mit das Wesen der Monarchien und der Gegensatz zu den republikanisch organisierten Staaten, daß in ersteren der Monarch allein der Gesetzgeber ist; und auch in den konstitutionellen Monarchien ist dem Monarchen dieses Gesetzgebungsrecht nicht genommen, sondern er ist lediglich für die Willensbildung an die Zustimmung der Volksvertretung gebunden. Scharf hebt sich hiervon der Gang der Gesetzgebung in den republikanisch organisierten Freien Städten ab, wo Senat und Bürgerschaft gemeinsam die Gesetzgeber sind; dort genügen tatsächlich die gleichlautenden Beschlüsse beider Organe, einerlei welches zuletzt seinen Willen ausspricht, zur Entstehung eines Gesetzes.[5])

Für die monarchischen Staaten des Deutschen Reiches und für das auf monarchischer Grundlage aufgebaute Deutsche Reich selbst aber — und das ist für die vorliegende Streitfrage von großer Bedeutung — ist daran festzuhalten, daß der Monarch bzw. der Bundesrat allein der Gesetzgeber ist, welchem die Volksvertretung nur ihre Zustimmung zu jedem Gesetz zu geben hat, und daß es daher falsch ist, die Gesetzgebung als einen Vertrag zwischen Monarch oder Bundesrat einerseits und Volksver-

---

[5]) Klar zeigt sich dies auch in den Eingangsformeln der Gesetze. Während es in denselben in sämtlichen monarchischen Gliedstaaten des Deutschen Reiches heißt: Der Landesherr erläßt „mit" (oder „nach" oder „unter") „Zustimmung" der Volksvertretung das folgende Gesetz, lauten dieselben in den Hanse-Städten:

a) in Hamburg: „Der Senat hat in Übereinstimmung mit der Bürgerschaft beschlossen und verkündet hierdurch als Gesetz";

b) in Bremen: „Der Senat verordnet im Einverständnis mit der Bürgerschaft"

c) in Lübeck: „Der Senat, im Einvernehmen mit der Bürgerschaft, hat beschlossen und verkündet als Gesetz".

tretung andererseits aufzufassen oder gar auf sie die Grundsätze über den Vertrag des Privatrechts anzuwenden.

B. Von der erforderlichen Zustimmung der Volksvertretung wird nun behauptet, daß die einmal erteilte Zustimmung nicht dauernd in Kraft bleibe, sondern ihre Existenz eine zeitliche Grenze haben müsse, weil z. B. unter völlig veränderten Verhältnissen die Zustimmung nicht mehr Sinn haben könne.

Diese Grenze wird von den Anhängern der Legislaturperiodentheorien in Verbindung gebracht mit der periodischen Erneuerung der Volksvertretung und zwar entweder

1. mit dem Ende der Legislaturperiode, oder
2. mit der Neuwahl, oder
3. mit dem Zusammentritt der neugewählten Volksvertretung.

a) Daß die beiden letzteren Zeitpunkte als Grenze nicht haltbar sind, ist am leichtesten nachzuweisen. Denn steht man überhaupt auf dem Standpunkt, daß die Existenz der Beschlüsse der Volksvertretung abhängig ist von der Legislaturperiode, so kann man logischer Weise unzweifelhaft nur in dem Ende der Legislaturperiode, d. h. in dem Momente, in welchem das Mandat der Volksvertretung erlischt, — einerlei mit welchem Zeitpunkt man die Legislaturperiode beginnen läßt, — auch das Ende der Existenz ihrer Beschlüsse sehen, wie es folgerichtig Bornhak, Geffcken, Müller-Meiningen und v. Stengel tun. Aber gerade diejenigen, welche die Frist bis zur Neuwahl oder bis zum Zusammentritt der neuen Volksvertretung erstrecken, führen Gründe an, welche diese Grenzen in keiner Weise rechtfertigen können:

Wenn Georg Meyer ohne nähere Begründung erklärt, daß „die Anordnung einer gesetzlichen Bestimmung nur auf Grund der Zustimmung des zur Zeit der Publikation bestehenden Landtags zulässig" sei, so ist zwar unzweifelhaft folgerichtig, daß er für die Landesgesetzgebung in dem Ende der Legislaturperiode — und nicht, wie in der 1. bis 4. Auflage seines Lehrbuchs, in der Neuwahl des Landtags — die Grenze für die Sanktionsfrist sieht;[6]) wenn er aber für das Reichsrecht erklärt, daß eine Frist für die Sanktion und die Publikation „auch im Reiche" (was nur soviel

---

[6]) cf. Fleischmann, a.a.O., S. 87.

bedeuten kann: wie in den Einzelstaaten) nur insoweit bestehe, als dieselbe spätestens bis zu Beginn der neuen Legislaturperiode des Reichstags erfolgen müsse, so steht diese Fristbegrenzung mit der für das Landesrecht gegebenen Begründung wohl kaum im Einklang.

Das gleiche gilt auch für Hermann Schulze, der für das preußische Staatsrecht die von Meyer für das Landesrecht gegebene Begründung zitiert, dabei aber sich auch der falschen, von Meyer in der 1. bis 4. Auflage seines Lehrbuchs gezogenen Schlußfolgerung anschließt und erst in dem Zeitpunkt der Neuwahl das Ende für eine Sanktions- und Publikationsfrist sieht.

Den nämlichen Fehler begehen auch Ulbrich und v. Jagemann, indem sie Neuwahl und Ende der Legislaturperiode identifizieren:

Ulbrich, wenn er erklärt, daß mit der Neuwahl des Vertretungskörpers die Frist für die Sanktion ihr Ende erreiche, weil durch Ablauf der Legislaturperiode oder Auflösung das Kollegium, welches die Zustimmung erteilt habe, nicht mehr bestehe;

und v. Jagemann, der ausführt, daß der Reichstag — im Gegensatz nämlich zum Bundesrat — dann nicht mehr aus den gleichen Mitgliedern bestehe, sobald nach Auflösung oder Ablauf der Legislaturperiode eine Totalerneuerung eingetreten sei.

Ebenso unverständlich ist es, wenn Jastrow behauptet, daß in Art. 5 der Reichsverfassung der Reichstag, welcher zur Zeit der Sanktion bestehe, gemeint sei, dabei aber die zeitliche Grenze für „zweifellos" erst dann überschritten erklärt, „wenn der Reichstag, der ein Gesetz beschlossen hat, aufgelöst und ein anderer Reichstag bereits gewählt, ja sogar einberufen ist".

Wenn schließlich Binding wörtlich erklärt: „Falsch wäre zu sagen, das Ende der Legislaturperiode bilde den äußersten Tag der Sanktion; vielmehr muß dann dem Bundesrat nach dem Willen des Reichstags noch die zur Beschlußfassung nötige Zeit verbleiben", und das Ende dieser Zeit erst in dem Zusammentritt des neuen Reichstags sieht, so steht diese Behauptung nicht nur in direktem Widerspruch mit dem wenige Zeilen darüber stehenden Satze: „Der Bundesrat von heute und der Reichstag von heute", — der doch unzweifelhaft nach Ablauf der Legislaturperiode nicht mehr existiert, — „sie bilden zusammen die sogenannten gesetzgebenden

Faktoren des Reichs",[7]) sondern der dem Reichstag untergeschobene Wille entbehrt jeglicher rechtlichen Begründung und stellt lediglich ein politisches Moment dar.

b) Aber auch die Ansicht, daß mit dem Ablauf der Legislaturperiode die in derselben gefaßten und nicht sanktionierten Beschlüsse ihre Kraft verlieren, ist nicht richtig, sondern beruht auf einem falschen Gesichtspunkt, nämlich auf der Identifizierung der Volksvertretung mit der Gesamtheit ihrer jeweiligen Mitglieder.[8])

Die Volksvertretung ist als ein an der Gesetzgebung beteiligtes Organ ungeachtet der Verschiedenheit in ihren zeitlich aufeinanderfolgenden Erscheinungsformen eine einheitliche und dauernde verfassungsmäßige Institution. In einem Gesetz kommt aber nicht die Willensmeinung der wechselnden Mitglieder und Parteien, sondern der Organswille der bleibenden Institution zum Ausdruck.[9]) „Macht man Ernst mit der Auffassung der Volksvertretung als eines Staatsorgans, so muß man, — wie Jellinek[10]) ausführt, — annehmen, daß die von ihr gefaßten Beschlüsse ebenso von den physischen Personen unabhängig sind, wie die vom Monarchen, den Ministern, den Richtern vollzogenen Akte. So wenig die königliche Sanktion durch Tod oder Abdankung des Trägers der Krone, eine vom Minister vollzogene Ernennung durch die Demission desselben, ein richterliches Urteil durch Versetzung des Richters ihre Kraft verlieren, ebensowenig ein parlamentarischer Beschluß, welcher einen Gesetzestext feststellt und die Zustimmung zum Erlasse des Gesetzes durch den Monarchen ausspricht, durch Schließung oder Auflösung des Parlaments." Hat die Volksvertretung sich einmal durch ordnungsmäßig zustande gekommenen Gesetzesbeschluß auf eine bestimmte Willenserklärung festgelegt, so ist der Anteil, welchen die einzelnen Mitglieder und Parteien daran hatten, endgültig konsumiert wie der Wille der Wähler durch die Abgabe des Stimmzettels.[11]) Er

---

[7]) Burger, a.a.O., S. 38f.

[8]) Laband, D. Jurist. Zeitung, 1904, S. 323.

[9]) Kahl, a.a.O.

[10]) Jellinek, a.a.O., S. 330f.; cf. auch Arndt, Tägl. Rundschau, a.a.O.

[11]) Laband, D.J.Z., a.a.O.; Kahl, a.a.O.

gilt nun nicht mehr als der Wille des Einzelnen sondern als bleibender Wille des an der Gesetzgebung beteiligten Organs, der seine Kraft behält, auch wenn die Personen, welche ihn in ihrer Mehrheit gefaßt haben, andere werden.

Die Majorität, die einen Beschluß gefaßt hat, kann ja auch nicht nur von einer zur andern Legislaturperiode, sondern von heute auf morgen wechseln. Insbesondere kann während einer doch oft mehrere Jahre dauernden Legislaturperiode, ja sogar während einer Session, durch Mandatsniederlegungen, Nachwahlen oder durch eine durch irgendwelche politischen Ereignisse verursachte Umgestaltung der Parteigruppierungen sich die Majorität eines Parlamentes sehr leicht ändern, ohne daß dies den von der früheren Majorität gefaßten Beschlüssen an ihrer Kraft Eintrag tut.[12]) Das zeigt am besten, welcher Widerspruch in den Ansichten derer liegt, welche — zum Teil gestützt auf den Wortlaut des Art. 5 der Reichsverfassung und des Art. 62 der preußischen Verfassung — einerseits die innere Übereinstimmung der gesetzgebenden Faktoren und deshalb die zeitliche Geschlossenheit des Gesetzgebungsverfahrens hervorheben, nur den „Bundesrat von heute" und den „Reichstag von heute" — „rebus sic stantibus" — für die gesetzgebenden Faktoren erklären, wie **Binding**, oder „die Zustimmung des Reichstags, wie er jetzt ist, nicht wie er vor einem Jahre war und nach seiner damaligen Zusammensetzung beschlossen hat", für erforderlich erachten, wie **Bornhak**, andererseits aber dieser zeitlichen Geschlossenheit unter Umständen einen mehrjährigen Spielraum, nämlich bis zum Ablauf der Legislaturperiode oder gar noch darüber hinaus bis zu den Neuwahlen oder dem Zusammentritt der neuen Volksvertretung lassen.

Ist es doch auch nicht einmal erforderlich, daß der Beschluß der Volksvertretung dem jeweiligen Willen der Mehrzahl der Abgeordneten wirklich entspricht. Leicht kann es vorkommen, daß die Mehrzahl der in einer Sitzung anwesenden Abgeordneten einen Beschluß faßt, welcher der Ansicht der Majorität des ganzen Hauses nicht gemäß ist und der bei anderer Besetzung des Hauses nicht gefaßt worden wäre, der aber dessen ungeachtet als vollwirksame Willenserklärung der Volksvertretung gilt.

---

[12]) **Laband**, D.J.Z., a.a.O., S. 324; **Fleischmann**, a.a.O. S. 87f.

Noch viel weniger kommt es aber darauf an, ob ein Beschluß dem Volkswillen entspricht; ob dies der Fall ist, läßt sich niemals feststellen, es sei denn, daß man — wie in der Schweiz — zu einer Volksabstimmung schreiten will. Die Behauptung, daß der Beschluß des Parlamentes den wahren Willen des Volks zum Ausdruck bringe, nennt Laband[13]) mit Recht „eine doktrinäre Fiktion, einen Optimismus der konstitutionellen Theorie". Der Volkswille ist überhaupt kein Rechtbegriff, weder die Reichsverfassung noch die Verfassungen der deutschen Gliedstaaten kennen ihn. —

Das Ergebnis dieser Darlegungen ist, daß die Existenz eines von der Volksvertretung einmal gefaßten Beschlusses weder durch das Ende der Legislaturperiode noch durch die Neuwahlen oder den Zusammentritt der neuen Volksvertretung beeinflußt werden kann, ja daß kein rechtlicher Grund vorliegt, auf einen Beschluß der Volksvertretung, durch welche diese einen Gesetzentwurf angenommen hat, nicht den Grundsatz anzuwenden, der im Rechtsleben für jede Willenserklärung gilt: daß nämlich, falls nicht ein anderes bestimmt ist (wie z. B. im BGB. §§ 146ff.), eine abgegebene Willenserklärung dauernde Geltung hat, bis sie widerrufen wird, wenn nicht die Möglichkeit des Widerrufs überhaupt ausgeschlossen ist. Fast alle die Momente, welche von den Anhängern der Fristentheorien gegen die Anwendung dieses Grundsatzes auf die Beschlüsse der Volksvertretung und zugunsten der behaupteten Fristen ins Feld geführt werden, sind im Grunde lediglich politischer, nicht aber rechtlicher Natur.

C. Kurz sei noch auf die Momente eingegangen, welche die Anhänger der Legislaturperiodentheorien neben den besprochenen Begründungen zur Unterstützung ihrer Theorien, d. h. für das Bestehen einer Sanktionsfrist anführen:

Zur Rechtfertigung seiner Ansicht verweist Müller-Meiningen auch auf die analogen Verhältnisse des bürgerlichen Rechts, welches bestimme, binnen welcher Frist auf den Ausdruck des Willens der einen Partei der Willensausdruck der anderen Partei folgen müsse, und beruft sich dabei auf BGB. § 130. Indessen zu Unrecht: Denn Müller-Meiningen übersieht nicht nur,

---

[13]) Laband, D.J.Z., a.a.O., S. 324.

daß im bürgerlichen Recht eine Frist eben nur deshalb besteht, weil sie in den §§ 146 ff. BGB. ausdrücklich gesetzlich festgelegt ist, sondern der von ihm zitierte § 130 BGB. behandelt auch gar nicht einmal die Dauer der Wirksamkeit einer Willenserklärung, sondern spricht lediglich von deren Beginn.[14])

Ebenso verfehlt ist der Hinweis Müller-Meiningens und Bornhaks auf das Staatsrecht Englands. Denn ganz abgesehen davon, daß dort[15]) die Sanktion nur deshalb vor Schluß des Parlaments erfolgen muß, weil die königliche Zustimmung nur vor versammelter Volksvertretung erklärt werden kann, läßt sich das englische Staatsrecht schon um deswillen nicht zum Vergleich heranziehen, weil in England ein im freien Belieben des Monarchen stehendes Sanktionsrecht, wie es die deutschen Verfassungen kennen, seit etwa 200 Jahren de facto nicht mehr besteht.[16])

Direkt falsch aber ist es, wenn Müller-Meiningen behauptet: „Auch für Österreich gilt der Satz, daß mit der Neuwahl des Parlaments die Frist für die Sanktion beendet ist." Denn das österreichische Verfassungsrecht kennt nirgends eine derartige Fristbestimmung; sie wird vielmehr lediglich von Ulbrich[17]) behauptet und darf damit natürlich noch nicht als geltendes Recht hingestellt werden.[18])

II. Publikation.

Ist die Sanktion auch noch nach Schluß der Legislaturperiode, ja auch nach den Neuwahlen oder dem Zusammentritt der neuen Volksvertretung möglich, so muß der gleiche Grundsatz selbstverständlich auch für die der Sanktion nachfolgende Publikation gelten.

Aber auch diejenigen, welche der Ansicht sind, daß die Sanktion eines Gesetzes vor Ablauf der Legislaturperiode erfolgen müsse, müsse, weil mit dem Ende derselben die in ihr gefaßten und nicht sanktionierten Beschlüsse zu existieren aufhörten, können deswegen noch nicht, wenn die Sanktion vor dem Ablauf der Legislaturperiode erfolgt ist, die Publikation nach Ablauf derselben für un-

---

[14]) Kleine, a.a.O., S. 48.

[15]) vergl. oben S. 24.

[16]) cf. Fleischmann, a.a.O., S. 61; Arndt, im „Recht", a.a.O., S. 205.

[17]) in seinem Lehrbuch des österreichischen Staatsrechts, a.a.O., S. 388.

[18]) Kleine, a.a.O., S. 39.

zulässig erklären. Denn die von ihnen für die Unzulässigkeit der Sanktion nach diesem Zeitpunkt angeführten Gründe berühren noch gar nicht einmal die Publikation. Ist nämlich ein Beschluß der Volksvertretung noch während der Legislaturperiode sanktioniert, so ist ja damit die geforderte Willenseinigung innerhalb der Legislaturperiode erfolgt, mithin der Gesetzeswille entstanden. Die Publikation aber hat auf den entstandenen Gesetzeswillen keinen Einfluß mehr, und es ist deshalb nicht einzusehen, warum nach der erwähnten Begründung ein vor Ablauf der Legislaturperiode sanktionierter Beschluß nach Ablauf derselben oder nach dem Zusammentritt der neuen Volksvertretung nicht mehr sollte publiziert werden können, wie Meyer, Roth, Schulze und Jastrow behaupten.

Anders freilich verhält es sich mit der Begründung Rosins, welcher Sanktion und Publikation bis zu den Neuwahlen fordert und dabei ausführt, daß, weil alle der Publikation vorausgehenden Akte erst mit der und durch die Publikation Wirksamkeit erlangten, die Rechtsgültigkeit und damit auch die Sanktionierung allein nach den zur Zeit der Publikation bestehenden gesetzlichen Vorschriften zu beurteilen sei. Dieser Grundsatz mag an sich richtig sein; aber er ist jedenfalls doch lediglich dann anwendbar, wenn nach erfolgter Beschlußfassung der Volksvertretung oder nach der Sanktion, aber vor der Publikation durch eine Verfassungsänderung die der Publikation vorausgehenden Abschnitte des Gesetzgebungsverfahrens geändert werden.[19]) Wie aber lediglich die Neuwahlen der Volksvertretung einen Wechsel in den bestehenden gesetzlichen Vorschriften herbeiführen sollen, führt auch Rosin nicht aus. —

III. Wohl keiner weiteren Erörterung bedarf es, daß auch „die Natur der Sache", welche von Wielandt als einziger Grund, von Bornhak in zweiter Linie zur Rechtfertigung der Legislaturperiodentheorie angegeben wird, ebensowenig beweiskräftig ist, wie

---

[19]) vergl. z. B. das preußische Gesetz betr. die Aufhebung des Salzmonopols und Einführung einer Salzabgabe, welches am 1. Juli 1866 vom Landtag beschlossen, aber erst am 9. August 1867 sanktioniert und am 20. August 1867 publiziert wurde, nachdem bereits am 1. Juli 1867 die Verfassung des Norddeutschen Bundes in Kraft getreten war, welche in Art. 35 bestimmte, daß der Bund ausschließlich die Gesetzgebung über die Besteuerung des Salzes habe. cf. dazu die Sten. Ber. über die Verhandlungen des Reichstags des Nordd. Bundes, I. Leg.-Per., 1. Session (N. D. Bd. 3), S. 169 u. 172.

der bloße Hinweis auf „das Wesen der hessischen Verfassung“, auf welches Cosack seine Ansicht allein stützt. Und wenn nebenbei Müller-Meiningen noch „den Geist und die rechtliche Natur des konstitutionellen Gesetzgebungsverfahrens“ heranzieht und Geffcken ein „allgemein gültiges konstitutionelles Prinzip“ behauptet, so vermögen auch diese Begründungen die Legislaturperiodentheorien nicht zu halten.[20]

IV. Auch sei noch darauf hingewiesen, daß die Legislaturperiodentheorien für das Deutsche Reich wenigstens in der Praxis kaum durchzuführen wären. Mag es für einen Staat, in welchem sich die Rechte des Trägers der Staatsgewalt in einer Person vereinigen, wie z. B. in dem Königreiche Bayern, möglich sein, die Sanktion immer vor dem Schlusse des Landtags zu erteilen; im Deutschen Reiche, wo zur Sanktion die Entschließung von 25 Gliedstaaten einzuholen ist, wird dies dagegen, wenn der Beschluß des Reichstags erst unmittelbar vor dem Schlusse der Legislaturperiode bzw. der Auflösung erfolgte, bis zum Schlusse oder bis zur Auflösung häufig völlig unmöglich, ja mitunter selbst bis zur Neuwahl oder dem Zusammentritt des neuen Reichstags kaum zu bewerkstelligen sein.[21])

§ 13.

3. Kritik der Theorie des „modicus tempus“.

Daß die von den Vertretern der Sessions- und der Legislaturperiodentheorien aufgestellten, durch ein fest bestimmtes Ereignis begrenzten Fristen rechtlich nicht zu halten sind, sieht Frormann ein. Aber ausgehend von der Behauptung, daß einer zeitlich überhaupt nicht beschränkten Sanktion die allgemeine Erwägung entgegenstehe, daß für das Gesetzgebungsverfahren wie für alle rechtlich erheblichen Tatbestände, welche sich als Willenseinigung einer Mehrzahl von Personen darstellten, eine gewisse Geschlossenheit gefordert werden müsse, kommt er zu dem Ergebnis, daß ohne eine Frist nicht auszukommen sei. Da aber irgend welcher bestimmte Zeitpunkt sich als Grenze dieser Frist nicht halten läßt, sieht er

[20]) Über das Bestehen eines Gewohnheitsrechts siehe unten § 14.
[21]) Burger, a.a.O., S. 54.

eine positive Grenze der Frist darin, daß dem Gesetzgebungsverfahren seine Geschlossenheit gewahrt bleiben müsse, und läßt deshalb dem Organ, welches die Sanktion zu erteilen hat, „ein je nach den Umständen zu bemessendes modicum tempus".

Frormann begeht bei dieser Beweisführung zunächst den gleichen Fehler wie die meisten Vertreter der Legislaturperiodentheorien. Dieser Fehler besteht in der grundsätzlichen völligen Gleichstellung von Träger der Staatsgewalt und Volksvertretung bei der Gesetzgebung. Er wendet auf das Gesetzgebungsverfahren die für die Verträge des Privatrechts, welche er sogar ausdrücklich als Beispiele anführt, geltenden Grundsätze an, ehe er den Beweis dafür erbracht hat, daß sie darauf anwendbar sind, und ohne zu berücksichtigen, daß die von ihm entwickelten Grundsätze im Privatrecht eben gesetzlich fixiert sind.[1]) Denn „die allgemeine Erwägung, daß eine gewisse Geschlossenheit gefordert werden müsse", erbringt allein ebensowenig wie der rein negative Hinweis darauf, daß eine unbegrenzte Dauer der Willenserklärung der Volksvertretung einer völligen Verkehrung von Wille und Erklärung gleichkomme, einen Beweis für das Bestehen einer positiv begrenzten Sanktionsfrist.

Deshalb ist auch die von Frormann aufgestellte Frist eines „je nach den Umständen zu bemessenden modicum tempus" gänzlich willkürlich und findet in keinem positiven Recht ihre Begründung.[2]) Sie ist lediglich diktiert von dem Bestreben, allen gesetzgebenden Faktoren praktisch zu genügen.[3]) Betrachtet man sich indessen die Anwendbarkeit des Frormannschen Grundsatzes in der Praxis, so findet man bald, daß er tatsächlich für die Praxis wertlos ist. Denn seine Theorie bietet, wie Frormann selbst zugibt,[4]) für die Entscheidung des Einzelfalles nur unbestimmten Anhalt. Man muß in dieser Hinsicht Kleine[5]) beipflichten, der ausführt: „Ein nach den Umständen zu bemessendes modicum tempus ist ein so unbestimmter und von den subjektiven Ansichten derer, die darüber zu

---

[1]) z. B. B.G.B. § 146.

[2]) cf. Anschütz, in der 6. Aufl. von Meyer's Lehrbuch des deutschen Staatsrechts, S. 569, § 158, Anm. 17.

[3]) Müller-Meiningen, Annalen d. D. R., a.a.O., S. 309.

[4]) Frormann, a.a.O., S. 513.

[5]) Kleine, a.a.O., S. 51 f.

urteilen haben, abhängiger Zeitraum, daß er praktisch nicht zu verwerten ist." Wie Frormann selbst hervorhebt, kann die Regierung sich nicht allemal sofort endgültig auf eine gesetzgeberische Willenserklärung der Volksvertretung erklären: eine solche Forderung würde den tatsächlichen Schwierigkeiten der Gesetzgebung nicht gerecht, da jeder gewissenhafte Entschluß des Gesetzgebers sorgfältige Prüfung meist auf Grund umfangreicher tatsächlicher Erhebungen bedarf. Wie aber sollte der im einzelnen Falle hierzu nötige, „je nach den Umständen zu bemessende" Zeitraum — man denke nur an die Verhältnisse des Deutschen Reiches, wo die Meinung von 25 Bundesstaaten eingeholt werden muß, — gefunden werden? Zu welcher Rechtsunsicherheit würde dies führen, wenn man z. B. auf dem Standpunkt steht, daß der Richter die verfassungsmäßige Entstehung eines ordnungsmäßig publizierten Gesetzes zu prüfen hat?

Die Frormannsche Theorie scheitert also — ganz abgesehen davon, daß ihre rechtliche Begründung nicht haltbar ist, — auch an dem Umstand, daß man sie in der Praxis nicht verwenden kann.

---

§ 14.

4. Gewohnheitsrecht? Praxis.

Sowohl Anhänger der Sessionstheorien als auch der Legislaturperiodentheorien berufen sich zur Begründung ihrer Ansichten auch auf die Praxis, und manche behaupten das Bestehen eines „wirklichen allgemeinen konstitutionellen", manche nur das Bestehen eines für einen bestimmten Staat, insbesondere für das Deutsche Reich oder für Preußen geltenden Gewohnheitsrechts.

I. Was zunächst das „wirkliche allgemeine konstitutionelle Gewohnheitsrecht" anbetrifft, so widerlegt die behauptete Bedeutung eines solchen treffend Frormann[1]) mit den Worten: „Es ist ein ‚wirkliches allgemeines konstitutionelles Gewohnheitsrecht' ein Faktor, mit dem bei der Untersuchung über das innere Staatsrecht eines bestimmten Staates nicht wohl gerechnet werden darf. Die Gültigkeit des inneren Staatsrechts, dem das Gesetzgebungsverfahren angehört, beschränkt sich auf den einzelnen Staat, da es

---

[1]) Frormann, a.a.O., S. 507.

allein auf dessen Anerkennung beruht. Die Anerkennung eines dem inneren Staatsrecht angehörenden Satzes seitens anderer Staaten ist an sich für jeden Staat ohne Bedeutung; Übungen und Gewohnheiten anderer Staaten kommen für ihn nur insoweit in Betracht, als sich in ihnen richtige Folgerungen aus einem in ihm und den anderen Staaten gleicherweise anerkannten Rechtsinstitute offenbaren. Dann aber ist der Grund für ein gemeinsames Gewohnheitsrecht mehrerer Staaten nicht die tatsächliche Geltung in der Mehrzahl dieser Staaten, sondern die folgerichtige Ableitung desselben aus dem Wesen des gemeinsamen Rechtsinstituts, und dessen Geltung wiederum beruht allein auf der Anerkennung jedes einzelnen Staates. — Will man also für einen Satz des inneren Staatsrechts sich auf ein Gewohnheitsrecht berufen, so genügt nicht die Behauptung eines „wirklichen allgemeinen konstitutionellen Gewohnheitsrechts", sondern es muß der fragliche Satz für jeden einzelnen Staat als Gewohnheitsrecht nachgewiesen werden."

II. Aber nicht einmal dieser letztere Nachweis — und damit entfällt selbstverständlich auch der Beweis für das Bestehen eines „allgemeinen konstitutionellen Gewohnheitsrechts" — ist für diejenigen deutschen Staaten, für welche im besondern ein Gewohnheitsrecht in dieser oder jener Richtung behauptet wird, zu führen, ganz abgesehen davon, daß verschiedene Gewohnheitsrechte bezüglich des gleichen Sachverhältnisses ein Unding sind.[2])

A. Für das **Deutsche Reich** ist ja die Frage, ob überhaupt ein die Reichsverfassung ergänzendes oder änderndes Gewohnheitsrecht möglich ist, nicht unbestritten. Seydel,[3]) Kahl[4]) und anscheinend auch Arndt[5]) verneinen diese Möglichkeit, während z. B. Frormann[6]) sie bejaht. Doch kann diese Streitfrage um deswillen hier gänzlich unerörtert bleiben, weil nicht nur das behauptete Gewohnheitsrecht für die Sessions- oder für die Legislaturperiodentheorien nicht nachweisbar ist, sondern, wenn überhaupt schon von der Existenz eines Gewohnheitsrechtes gesprochen

---

[2]) Fleischmann, a.a.O., S. 89.

[3]) v. Seydel, Kommentar, a.a.O., S. 118.

[4]) Kahl, Tägl. Rundschau a.a.O.

[5]) Arndt, im „Recht", a.a.O., S. 206.

[6]) Frormann, a.a.O., S. 507f.

werden kann, es sich höchstens im entgegengesetzten Sinne entwickelt hat.

a) Was zunächst die **Sessionstheorien** anbetrifft, so sahen v. Rönne und früher auch Laband eine ausdrückliche Anerkennung derselben in der Wiedervorlage der Postgesetze,[7]) welche in der ersten Session der ersten Legislaturperiode des deutschen Reichstags angenommen, aber bis zum Beginne der zweiten Session nicht sanktioniert worden waren und deshalb dem Reichstag in der zweiten Session nochmals unterbreitet wurden. Hierin aber die Anerkennung eines dahingehenden Rechtssatzes seitens der Reichsregierung zu erblicken, ist deshalb nicht angängig, weil es in den bei der Wiedervorlage beigefügten Motiven[8]) lediglich heißt, daß, da inzwischen die Berufung des Reichstags zur gegenwärtigen Session erfolgt sei, „die Verkündung der Gesetze nicht angemessen erschienen sei", aber davon, daß man die Publikation nunmehr etwa für rechtlich unzulässig gehalten habe, keine Rede ist.[9]) Als alleiniges Beweismittel für das Bestehen eines Gewohnheitsrechts läßt sich die Wiedervorlage der Postgesetze auch deswegen nicht verwerten, weil sich schon im Jahre 1871 ein solches im Deutschen Reiche nicht gebildet haben konnte.[10]) Es hätte, was die Anfangszeit des Reiches anbetrifft, die Herübernahme eines Gewohnheitsrechts in die Praxis des Gesetzgebungsverfahrens im Reiche höchstens auf dem Wege eines Rezeptionsaktes geschehen können; vergeblich sucht man indessen nach einem solchen; niemand wird aber behaupten wollen, daß mit der Schöpfung des Reichs und der Einführung des Reichstags in dessen Einrichtungen den in deutschen und außerdeutschen Staaten vielleicht bestehenden Gesetzgebungsgebräuchen ohne weiteres die Bedeutung von bindenden Rechtssätzen beigelegt worden sei.

---

[7]) vergl. oben S. 34.

[8]) cf. die Sten. Ber. d. d. R., I. Leg.-Per., 2. Session, 2. Bd.: Anlagen (R. D., Bd. 23), S. 9.

[9]) Arndt, Staatsrecht des Deutschen Reiches, S. 183; Burger, a.a.O.; Kleine, a.a.O., S. 38; Meyer, Lehrbuch d. d. Staatsrechts, 6. Aufl., S. 586 (§ 163, Anm. 22); Seuffert, a.a.O., S. 609; v. Seydel, Kommentar a.a.O., S. 118.

[10]) Seuffert, a.a.O., S. 609; Frormann, a.a.O., S. 508.

Jedenfalls hat der Bundesrat, welcher bei der Wiedervorlage der Postgesetze offenbar einen bestimmten rechtlichen Standpunkt in dieser Hinsicht, wie aus dem Wortlaut der Motive zu schließen, noch nicht eingenommen hatte, seitdem in einer großen Reihe von Fällen Gesetze nach Beginn einer neuen Session sanktioniert und damit gezeigt, daß er sich von der Richtigkeit der Sessionstheorien nicht überzeugen konnte.[11]) Aus der großen Zahl dieser Fälle seien jedoch nur diejenigen als Beispiele angeführt, bei welchen die Sanktion und die Publikation so spät stattgefunden haben, daß sie zugleich auch zur Widerlegung der Behauptung dienen, daß auch

b) für die **Legislaturperiodentheorien** im Deutschen Reiche ein Gewohnheitsrecht geltend gemacht werden könne.[12])

1. Nach Schluß der Legislaturperiode, d. h. nach Auflösung des Reichstags, aber noch vor den Neuwahlen sanktioniert, ausgefertigt und verkündet sind zwei Gesetze: die Rechtsanwaltsordnung vom 1. Juli 1878 und die Novelle zur Gewerbeordnung vom 17. Juli 1878.[13])

2. Nach Auflösung des Reichstags und noch vor den Neuwahlen sanktioniert, aber erst nach den Neuwahlen, jedoch vor dem Zusammentritt des neuen Reichstags ausgefertigt und verkündet ist das Wuchergesetz vom 19. Juni 1893.[14])

3. Erst nach den Neuwahlen, aber immerhin noch vor dem Zusammentritt des neuen Reichstags sanktioniert, vollzogen und publiziert ist das Gesetz, betr. die Abänderung der Militärstrafgerichtsordnung, vom 3. Mai 1890.[15])

4. Nach den Neuwahlen sanktioniert und vollzogen, aber erst nach dem Zusammentritt des neuen Reichstags verkündet wurde

---

[11]) vergl. die Erklärung des Staatssekretärs des Reichsjustizamtes, Dr. Nieberding, unten S. 78.

[12]) Die zur Nachprüfung der einzelnen Fälle erforderlichen Daten sind der besseren Übersicht halber — und zwar auch für die anderen noch zu besprechenden Staaten — am Schlusse in einem besonderen Anhange in der Weise angeführt, daß den entscheidenden Daten in dem Gesetzgebungsprozeß die in Betracht kommenden Daten der periodischen Erneuerung der Volksvertretung gegenübergestellt sind.

[13]) Anhang: A, 1 u. 2. [14]) Anhang: A, 3. [15]) Anhang: A, 4.

das Gesetz gegen den Verrat militärischer Geheimnisse vom 3. Juli 1893.[16])

5. Nach den Neuwahlen sanktioniert, am selben Tag, an welchem der Reichstag zusammentrat, ausgefertigt und wenige Tage darauf publiziert ist das Gesetz, betr. die Aufhebung des Gesetzes über die Verhinderung der unbefugten Ausübung von Kirchenämtern, vom 6. Mai 1890.[17])

6. Nach den Neuwahlen sanktioniert, aber erst nach dem Zusammentritt des neuen Reichstags vollzogen und verkündet wurde die Novelle zum § 100e der Gewerbeordnung vom 8. Dezember 1884.[18])

7. Erst nach dem Zusammentritt des neugewählten Reichstags sanktioniert, ausgefertigt und verkündigt wurde ein Gesetz, welches gerade zur Erörterung der vorliegenden Streitfrage vielfach Anlaß geboten hat: das Gesetz, betr. die Aufhebung des § 2 des Jesuitengesetzes, vom 8. März 1904,[19]) von welchem hier besonders hervorgehoben sei, daß zwischen dem Beschluß des Reichstags einerseits und Sanktion, Ausfertigung und Verkündigung andererseits ein Zeitraum von über fünf Jahren lag.

8. Schließlich sei noch ein Gesetz erwähnt, welches, wenn auch nach Schluß des Reichstags, doch vor Ablauf der fünfjährigen Legislaturperiode — und nicht, wie Laband[20]) und Burger[21]) behaupten, nach den Neuwahlen — sanktioniert wurde, aber erst nach den Neuwahlen ausgefertigt und sogar erst nach dem Zusammentritt des neuen Reichstags publiziert worden ist, sich also nur als Beispiel für „verspätete Publikation" darstellt: die Militärstrafgerichtsordnung vom 1. Dezember 1898.[22])[23])[24])[25])

---

[16]) Anhang: A, 5. [17]) Anhang: A, 6. [18]) Anhang: A, 7.

[19]) Anhang: A, 8. [20]) Laband, D. J. Z., a. a. O., S. 323.

[21]) Burger, a. a. O., S. 38. [22]) Anhang: A, 9.

[23]) cf. Kleine, a. a. O., S. 58.

[24]) Das in der Literatur noch erwähnte Gesetz, betr. die Stimmzettel für öffentliche Wahlen, vom 12. März 1884 (Anhang: A, 10) kann lediglich gegen die Sessionstheorien, nicht aber gegen die Legislaturperiodentheorien herangezogen werden, da es in der 2. Session der V. Legislaturperiode vom Reichstag angenommen wurde, während Ausfertigung und Verkündigung — Datum der Sanktion ist nicht bekannt — in der 4. Session der gleichen Legislaturperiode erfolgte.

[25]) Das von dem Abg. Bachem (Sten. Ber. d. d. Reichstags, a. a. O.,

Alle diese Beispiele beweisen, daß die Praxis im Deutschen Reiche keine der aufgestellten Fristentheorien anerkennt, und daher weder zugunsten der Sessionstheorien noch zugunsten der Legislaturperiodentheorien ein Gewohnheitsrecht ins Feld geführt werden kann.[26])

B. Auch für das Königreich **Preußen** ist zu Unrecht das Bestehen eines Gewohnheitsrechts für die Fristentheorien behauptet worden, zu dessen Widerlegung folgende in der Literatur vielfach zitierte Fälle angeführt seien:

1. Nach den Neuwahlen, aber vor Zusammentritt des neuen Hauses sanktioniert und publiziert wurde das Gesetz, betr. die Einrichtung des Salzverkaufs in den Hohenzollernschen Landen, vom 13. Dezember 1858.[27])

2. Das Gesetz, betreffend Gebietsveränderungen zwischen Preußen und Lippe-Detmold, vom 9. Mai 1888, ist zwar noch während der gleichen Session, in welcher es von den Kammern — unter der Regierung König Wilhelms I. — angenommen wurde, sanktioniert worden — allerdings erst durch König Friedrich III. —; publiziert dagegen wurde es erst nach dem Zusammentritt des neuen Landtags und zwar durch König Wilhelm II.[28])

3. Während der 3. Session der V. Legislaturperiode vom Landtag beschlossen, aber erst nach Ablauf der VI., der VII. und der 1. und 2. Session der VIII. Legislaturperiode sanktioniert und verkündet wurde das Gesetz, betr. die Pensionsberechtigung der Gemeindeforstbeamten in der Rheinprovinz, vom 11. September 1865.[29])

4. Dagegen hat das in der Literatur wiederholt zitierte Gesetz, betr. Gebietsveränderungen zwischen Preußen und Württemberg,

---

S. 2086) und von Müller-Meiningen (Annalen, a.a.O., S. 307 f.) unzutreffenderweise angeführte Gesetz, betr. die Abänderung des Zolltarifs, vom 6. März 1899, ist — wie aus Anhang: A, 11 ersichtlich — sogar innerhalb derselben Session vom Reichstag angenommen, vom Kaiser ausgefertigt und verkündet, mithin auch vom Bundesrat sanktioniert worden. Näheres hierüber bei Kleine, a.a.O., S. 60.

[26]) So auch Anschütz, Tägl. Rundschau, a.a.O.; Laband, Staatsrecht des Deutschen Reiches, 4. Aufl., Bd. II, S. 55 und D. Jur. Zeitung, a.a.O. S. 322 f.; v. Seydel, a.a.O., S. 609 f.

[27]) Anhang: B, 1. [28]) Anhang: B, 2. [29]) Anhang: B, 3.

vom 27. Februar 1884 noch vor Schluß der Legislaturperiode seine völlige Erledigung gefunden: Es wurde beschlossen und sanktioniert während der 2. Session der XV. Legislaturperiode, publiziert freilich erst nach Ablauf der 3. Session, aber immerhin vor Ablauf der gesamten XV. Legislaturperiode.[30])

C. Erwähnt seien ferner einige Fälle aus dem Königreich **Württemberg.** Zwar ist für das Königreich Württemberg das Bestehen eines eine Fristentheorie rechtfertigenden Gewohnheitsrechts nicht behauptet worden; aber da verschiedene Fälle „verspäteter" Sanktion und Publikation vorgekommen sind, welche im württembergischen Landtage gerügt wurden, seien hier die in der Litteratur besprochenen Beispiele angeführt:[31])

1. Das eklatanteste Beispiel gibt das Gesetz, betr. die Aufbringung des Bedarfs von Pferden für den Fall der Mobilmachung des Königlichen Truppenkorps, vom 11. März 1855, welches während des 14. Landtags von den Kammern beschlossen, aber erst während des 19. Landtags sanktioniert und publiziert worden ist.[32])

2. Auch das revidierte Gesetz über den gleichen Gegenstand vom 15. Mai 1859 ist auf dem 19. Landtag beschlossen, aber erst während des 20. Landtags sanktioniert und verkündet worden.[33])

3. Dagegen ist das mitunter ebenfalls als ein Beispiel verspäteter Sanktion und Publikation erwähnte Gesetz über die Stellung unter polizeiliche Aufsicht nach erstandener Strafe vom 19. November 1858 während des nämlichen Landtags, auf dem es beschlossen war, sanktioniert und publiziert worden;[34]) es bietet aber immerhin doch insofern ein Beispiel für auffallend späte Publikation, als die Publikation erst ein Jahr und vier Monate nach erfolgter Sanktion geschah, obwohl Sanktion und Publikation doch demselben Staatsorgan, dem Könige, zustehen.

D. Auch im Großherzogtum **Hessen** sind, — und zwar in neuerer Zeit — verschiedene Gesetze erst nach Beginn einer neuen Legislaturperiode sanktioniert und publiziert worden, nämlich

1. das Gesetz zur Abänderung des Gesetzes, die Ausführung

---

[30]) Anhang: B, 4.

[31]) Siehe Verhandlungen der württ. Kammer der Abgeordneten in den Jahren 1854 und 1855, I. Bd., S. 859 f. (269. Sitzung vom 15. März 1855).

[32]) Anhang: C, 1. [33]) Anhang: C, 2. [34]) Anhang: C, 3.

der deutschen Strafprozeßordnung betreffend, vom 17. März 1903,[35])

2. das Gesetz, die Errichtung und Leitung von technischen Privatunterrichtsanstalten betreffend, vom 23. Dezember 1905,[36])

3. das Gesetz, die Räumungsfristen bei der Wohnungsmiete betreffend, vom 6. Januar 1906,[37])

4. das Gesetz, das Spiel in außerhessischen Lotterien betreffend, vom 14. Februar 1906,[38]) und

5. das Gesetz, die Landwirtschaftskammer betreffend, vom 16. Mai 1906.[39])

Das unter 1 genannte Gesetz ist auf dem 31. Landtag von beiden Kammern angenommen, aber erst während des 32. Landtags sanktioniert und verkündet worden; die unter 2 bis 5 erwähnten Gesetze wurden auf dem 32. Landtag von den Kammern angenommen, aber erst nach Beginn des 33. Landtags sanktioniert und publiziert. —

Diese im Vorstehenden für die Königreiche Preußen und Württemberg und für das Großherzogtum Hessen angeführten Beispiele zeigen deutlich, daß auch in diesen Staaten die Praxis die Fristentheorien verwirft. Aber auch für die übrigen deutschen Gliedstaaten, für welche ein Gewohnheitsrecht zugunsten der Fristentheorien nicht behauptet wird, ließen sich wohl bei genauer Durchsicht aller Gesetze Beispiele dafür finden, daß auch in diesen Staaten die Praxis sich um die Fristentheorien nicht kümmert. —

III. Im Anschluß an die zitierten Beispiele sei noch ein Fall erwähnt, der zwar nicht das Gesetzgebungsrecht der deutschen Staaten, deren Praxis hier untersucht werden sollte, betrifft, sondern der Geschichte des Gesetzgebungsverfahrens des Königreichs Spanien entnommen ist, welcher aber — abgesehen davon, daß bei ihm der Zeitraum zwischen Sanktion und Publikation besonders groß war, — namentlich um deswillen hier interessiert, weil er seinerzeit die erste Veranlassung dazu bot, die Frage nach dem Bestehen einer Frist in der deutschen Staatsrechtsliteratur zu behandeln. Und zwar war es Zöpfl, der hier zuerst auf ihn hinwies in seiner

[35]) Anhang: D, 1. [36]) Anhang: D, 2. [37]) Anhang: D, 3.
[38]) Anhang: D, 4. [39]) Anhang: D, 5.

Schrift über „die Spanische Sukzessionsfrage“[40]) sowie in seinen „Grundsätzen des gemeinen deutschen Staatsrechts“:[41])

Am 23. September 1789 brachte König Karl IV. an die spanischen Cortes die Proposition, die im alten spanischen Staatsrecht begründete kognatische Sukzession, an deren Stelle Philipp V. die Thronfolge nach dem salischen Gesetz eingeführt hatte, wieder herzustellen. Dieser Proposition traten die Cortes auch durch einstimmigen Beschluß bei, und bereits am 30. Oktober 1789 erteilte der König die Sanktion. Bei der Mitteilung derselben an die Cortes mußten aber die Deputierten versprechen, das Gesetz geheimzuhalten bis zur Publikation, welche sich der König mit Rücksicht auf die unsichere politische Lage für später, „wenn er es für seinen Dienst zweckmäßig finde“, vorbehielt. Diese Publikation vollzog aber erst sein Nachfolger, Ferdinand VII., und zwar am 29. März 1830, also über 40 Jahre nach erfolgter Sanktion, und zwar um seinen Bruder Don Carlos von der Thronfolge auszuschließen und dieselbe seiner Tochter Isabella zu sichern.[42])

---

3. Abschnitt:

§ 15.

Nachweis der zeitlichen Unbegrenztheit des Sanktionsrechts.

Eine rein negative Beweisführung, welche nur die Unhaltbarkeit der Fristentheorien darlegt, genügt, — wie schon einleitend[1]) bemerkt —, noch nicht zum Nachweis für das Bestehen eines zeitlich unbeschränkten Sanktionsrechtes, sondern dieser letztere Nachweis kann nur dann als geführt erachtet werden, wenn er sich auch auf positive Gründe stützt.

I. Daß das Sanktionsrecht im Deutschen Reiche und seinen Gliedstaaten — von den im ersten Teil angeführten Ausnahmen

---

[40]) Heidelberg, 1839, bes. S. 45 ff. und 87 ff.

[41]) besond. 5. Aufl., Bd. II, S. 326 (§ 373, VIII, Anm. 9).

[42]) Pragmatische Sanktion vom 29. März 1830, abgedruckt bei Ghillany, Diplomatisches Handbuch, Bd. II, 2, S. 469 ff.

[1]) § 10.

abgesehen — zeitlich nicht beschränkt sein soll, beweist mit an erster Stelle der Umstand, daß in den Verfassungen dieser Staaten eine Fristbestimmung nicht enthalten ist.[2])

Die Bindung des Trägers der Staatsgewalt an eine Frist ist eine Einschränkung von so eingreifender Bedeutung, daß es unerklärlich wäre, wenn sie nicht ausdrücklich in der Verfassung Erwähnung gefunden hätte.[3])

Es wird nun allerdings vielfach behauptet, daß in den Verfassungen, welche eine Fristbestimmung nicht enthalten, eine Lücke vorhanden sei, mit anderen Worten, daß bei Schaffung dieser Verfassungen eine hierauf bezügliche Bestimmung einzufügen vergessen worden sei. Diese Behauptung läßt sich aber nicht halten.

Bei Einführung wie bei Änderung von Verfassungen hat man sich stets bereits bestehende Verfassungen zum Vorbild genommen. Aber schon bei Schaffung der ersten deutschen konstitutionellen Verfassungen lagen fremde Verfassungen mit Sanktionsfristen, und bei Schaffung der neueren deutschen Verfassungen, insbesondere der preußischen Verfassung und der Verfassung des Deutschen Reichs, sogar verschiedene inländische und zahlreiche ausländische Verfassungen mit Fristbestimmungen als Beispiele vor, wie eine kurze Darstellung der geschichtlichen Entwickelung der Sanktions- und zugleich auch der Publikationsfristen zeigen mag.

Sowohl die Sanktions- wie die Publikationsfrist sind so alt wie die modernen Verfassungen selbst:[4])

Die erste moderne republikanische Verfassung, die Verfassung der Vereinigten Staaten von Amerika vom 17. Sep-

---

[2]) Darauf weisen insbesondere hin: Arndt, Staatsrecht des Deutschen Reiches, S. 183, und Tägl. Rundschau, a.a.O.; Burger, a.a.O., S. 20 und 54; Henle, a.a.O., S. 107; auch Anschütz, Tägl. Rundschau, a.a.O.; Kleine, a.a.O., S. 34; Zöpfl, Grundsätze des gemeinen deutschen Staatsrechts, 5. Aufl., Bd. II, S. 326 (§ 373, VII).

[3]) cf. Kleine, a.a.O., S. 34.

[4]) Von dem schon seit langem in England, dem „klassischen Land des Parlaments", herrschenden Usus der Publikation vor Schließung des Parlaments sei hier ganz abgesehen, weil er nicht in einer Verfassungsurkunde niedergelegt und vor allem weil er in erster Linie die notwendige Folge der Einrichtung der Publikation im Parlament selbst ist.

tember 1787,[5]) schuf in Art. 1, sect. 7, Abs. 3 eine Publikationsfrist von zehn Tagen,

und die erste konstitutionell-monarchische Verfassung und zugleich die erste moderne europäische Verfassung, die französische Konstitution vom 3. September 1791,[6]) führte die Sanktionsfrist ein, indem sie in titre 3, chap. 3, sect. 3, Art. 4 bestimmte, daß der König seine Zustimmung oder Weigerung zu jedem Dekrete innerhalb zweier Monate nach erfolgter Präsentation erklären müsse.

So kurzlebig wie diese erste Verfassung Frankreichs war freilich auch dessen erste Sanktionsfrist. Denn da den nunmehr folgenden republikanischen Verfassungen vom 24. Juni 1793, vom 23. September 1795 und vom 13. Dezember 1799 das Moment der Sanktion als eines besonderen Aktes fremd war, war natürlich für eine Sanktionsfrist kein Platz mehr. Dagegen schrieb die Verfassung von 1795 in Ziffer 128 dem Vollziehungsdirektorium eine Publikationsfrist von zwei Tagen und die Verfassung von 1799 in Ziffer 37 dem Ersten Konsul Publikation am zehnten Tage nach Erlaß des Gesetzes durch das Corps législatif vor. Erst das organische Senatuskonsult vom 18. Mai 1804, welches Napoleon die rechtliche Stellung eines Kaisers verlieh und ihm in Ziffer 72 ein Sanktionsrecht gab, führte mit der Sanktion auch wiederum eine Frist für dieselbe — und zugleich auch für die Publikation — ein, indem es in Ziffer 72 und 73 bestimmte, daß ein Gesetz, welches nicht innerhalb von zehn Tagen nach Anhörung des Staatsrats verkündet worden sei, nicht mehr bekannt gemacht werden könne, wenn nicht die gesetzgebenden Körperschaften von neuem darüber beratschlagt hätten.

Obwohl mithin, wie diese Darstellung zeigt, die Fristbestimmungen für Sanktion und Publikation in der Geschichte der Verfassungen Frankreichs damals bereits eine charakteristische Entwickelung durchgemacht hatten, lassen die nachfolgenden Verfassungen desselben Landes: die Charte vom 4. Juni 1814, welche ja

[5]) zitiert nach: Schubert, Verfassungsurkunden und Grundgesetze, Bd. I, S. 298 ff.

[6]) Diese, wie die ferner erwähnten französischen Verfassungen sind zitiert nach: Hélie, Les constitutions de la France, und Pölitz, Die europäischen Verfassungen, 2. Aufl., Bd. II, S. 1 ff.

auf die deutschen Verfassungen einen bemerkenswerten Einfluß hatte, wie die Verfassung vom 7. August 1830 jegliche Fristbestimmung für Sanktion oder Publikation vermissen und enthalten lediglich, erstere in Art. 22, letztere in Art. 18, die für zahlreiche deutsche Verfassungen maßgebend gewordene Bestimmung: „Le Roi seul sanctionne et promulgue les lois.“

Wie sich die Fristbestimmung für Sanktion und Publikation des weiteren entwickelt hat, geht aus einer kurzen chronologischen Aufzählung der wichtigsten Beispiele von Fristbestimmungen in den deutschen und außerdeutschen Verfassungen hervor; bezüglich der Einzelheiten sei dabei auf die im ersten Teil gegebene ausführliche systematische Darstellung der jetzt geltenden Fristbestimmungen verwiesen.

Auf Frankreich folgte mit der Einführung einer Sanktionsfrist zunächst das Königreich Norwegen, dessen Verfassung vom 31. Mai bzw. 14. November 1814 in § 80 die Entschließung des Königs bis spätestens zum Schlusse der Session verlangte.

Die erste deutsche Verfassung, welche eine Grenze für die Sanktion enthielt, war die bayerische Verfassung vom 26. Mai 1818, die in Titel VII, § 29 bestimmte: „Die königliche Entschließung auf die Anträge der Reichsstände erfolgt nicht einzeln, sondern auf alle verhandelten Gegenstände zugleich bei dem Schlusse der Versammlung“, was allerdings durch § 40 des Gesetzes, betr. den Geschäftsgang des Landtags, vom 25. Juli 1850 bzw. vom 19. Januar 1872 dahin abgeändert wurde, daß der Schluß des Landtags nur als spätester Zeitpunkt für die Sanktion anzusehen sei.

1822 führte Portugal in seiner ersten Verfassung vom 23. September in Ziffer 108 eine Sanktionsfrist von einem Monat ein, eine Bestimmung, welche auch in die Verfassung vom 19. April 1826, Art. 59, übernommen wurde.

Als nächste unter den deutschen Verfassungen verlangte die Verfassung des Königreichs Sachsen vom 4. September 1831 in den §§ 113 und 119 Sanktion spätestens im Landtagsabschied.

1844 erhielt die Verfassung des Königreichs Schweden, welche anfänglich keine Fristbestimmung kannte, in § 87 einen Zusatz, durch welchen Sanktion und Publikation bis zu Beginn des nächsten Reichstags vorgeschrieben wurde.

Für das Großherzogtum Luxemburg brachte die erste Verfassung vom 9. Juli 1848 in Art. 34 eine Sanktions- und Promulgationsfrist von drei Monaten, welche durch die unter dem Einfluß der Reaktion oktroyierte „König-Großherzogliche Verordnung vom 27. November 1856 über die Revision der Verfassung" beseitigt, aber durch die Verfassung vom 17. Oktober 1868 wieder eingeführt und auf sechs Monate ausgedehnt wurde.

Nunmehr folgten verschiedene deutsche Staaten:

zunächst das Fürstentum Schwarzburg-Sondershausen, welches durch das Verfassungsgesetz vom 12. Dezember 1849 § 108 eine Sanktions- und Publikationsfrist von vier Wochen einführte, die durch Gesetz vom 2. August 1852 § 32 auf zwei Monate erstreckt, durch das Landesgrundgesetz vom 8. Juli 1857 jedoch wiederum gänzlich beseitigt wurde;

1852 das Herzogtum Sachsen-Koburg-Gotha mit einer Sanktions- und Publikationsfrist von acht Wochen (§ 109 seiner Verfassung vom 3. Mai);

und im gleichen Jahre das Großherzogtum Oldenburg mit der Forderung der Sanktion der Anträge des Landtags spätestens im Landtagsabschied (Art. 163 des Staatsgrundgesetzes vom 22. November 1852).

Für das Königreich Italien brachte die Bestimmung der Sanktion und Publikation vor Eröffnung der nächsten Session das piemontesische Gesetz vom 23. Juni 1854, Art. 3.

In dem Königreich Griechenland führte die Forderung der Sanktion binnen zweier Monate nach Sessionsschluß Art. 36 der Verfassung vom 16./28. November 1864

und in dem Königreich Dänemark die Forderung der Sanktion vor der nächsten Reichstagssession das revidierte Grundgesetz vom 28. Juli 1866 in § 24 ein.

1867 folgte das Fürstentum Reuß ä. L., indem es im § 85 seiner Verfassung vom 28. März die Zusammenfassung der definitiven Ergebnisse des Landtags im Landtagsabschied verlangte.

Von Interesse ist schließlich, — wenn es auch zeitlich aus dem hier in Betracht kommenden Rahmen herausfällt, — daß auch bei Einführung der konstitutionellen Verfassung in Japan im Jahre 1889 sogleich der Verfassung eine Sanktions- und Publikationsfrist, bis zu Beginn der nächsten Session des Reichstags dauernd, eingefügt wurde durch Art. 32 des Gesetzes über den Reichstag vom 11. Februar 1889. —

Wie aus dieser Darstellung ersichtlich ist, hat im Laufe der Zeit die überwiegende Mehrzahl der bedeutenderen außerdeutschen Staaten, von den deutschen Staaten dagegen nur eine verschwindend kleine Zahl eine Fristbestimmung eingeführt.

Von den ausländischen Verfassungen, welche hiergegen keine Fristbestimmung kennen bzw. kannten, seien besonders zwei erwähnt, weil dieselben auf die Verfassungen der deutschen Staaten von maßgebendem Einfluß waren: die schon obengenannte französische Charte vom 4. Juni 1814 und die belgische Verfassung vom 25. Februar 1831.[7]) Erstere hat ja unverkennbar auf die ersten deutschen, d. h. insbesondere auf die süddeutschen Verfassungen eingewirkt, welche ihr folgend sämtlich — mit alleiniger Ausnahme der bayerischen Verfassung — sich einer Fristbestimmung enthalten haben, während die letztere, die belgische Verfassung von 1831, besonders auf die preußische Verfassung von Einfluß gewesen ist, welche ebenfalls keine Fristbestimmung annahm.

Sollten diese sämtlichen deutschen Verfassungen wirklich „Lücken" enthalten oder nicht vielleicht ihren Vorbildern folgend absichtlich Fristbestimmungen vermieden haben? Am wenigsten läßt sich wohl eine Lücke in dieser Hinsicht von der Verfassung des Fürstentums Schwarzburg-Sondershausen behaupten, welches die 1849 eingeführte und 1852 erweiterte Sanktions- und Publikationsfrist 1857 wieder beseitigt hat.

Jedenfalls lagen — und das ist das Ergebnis der vorstehenden Darstellung — für sämtliche deutschen Verfassungen Beispiele von Fristbestimmungen vor, namentlich

---

[7]) Daß auch für Belgien dieser Mangel einer Fristbestimmung zur Folge hat, daß die Sanktion zeitlich in keiner Weise beschränkt ist, erklärt auch Thonissen in seinem Kommentar zur belgischen Verfassungsurkunde (La Constitution Belge, annotée, 3. éd., S. 223 f., zu Art. 69, Anm. 311), wo er ausführt: Sous la Constitution de 1791 le roi était tenu d'exprimer son consentement ou son refus dans les deux mois de la présentation du décret. Aujourd'hui aucune limite de temps n'est fixée pour l'accomplissement de cet acte. La prérogative royale s'exerce avec une liberté entière.

aber für die deutsche Reichsverfassung. Wenn man trotzdem keine Fristbestimmung traf, so ist dieser Umstand wohl schon einer der besten Beweise dafür, daß man keine Fristgrenze haben wollte.[8])

Diese Ansicht hat auch für die Reichsverfassung klar der Staatssekretär des Reichsjustizamtes, Dr. Nieberding, in der Reichstagssitzung vom 14. April 1904 ausgesprochen, indem er erklärte:[9]) „Damals (als die Reichsverfassung beschlossen wurde) — darüber habe ich keinen Zweifel — haben sich die Verfasser des Entwurfs der Reichsverfassung sehr wohl überlegt, ob sie dem einen oder dem andern Wege folgen sollten. Tatsächlich sind sie dem Wege gefolgt, der in der preußischen Verfassung eingeschlagen ist, indem sie den verbündeten Regierungen keine Schranke setzen wollten bezüglich der Zeit, in welcher die Erhebung eines Beschlusses der Volksvertretung zum Gesetz mittels Sanktion der Regierung zulässig sein sollte. Diese Auffassung hat bereits Fürst Bismarck, der Schöpfer der Reichsverfassung, gehabt, der gewiß in der Lage war, über den Sinn und Geist der Verfassung zu urteilen. Dieser Auffassung ist seinerzeit gewesen der Präsident des Reichskanzleramts, Staatsminister Delbrück, der erste Mitarbeiter an der Verfassung des Deutschen Reiches, der langjährige Leiter der geschäftlichen Beziehungen der verbündeten Regierungen zum Reichstage, der gewiß auch berechtigt erscheinen muß, ein Urteil darüber zu haben." Und Staatssekretär Dr. Nieberding teilte des weiteren mit, daß auch die verbündeten Regierungen auf dem Standpunkt ständen, daß die Verfassung der Sanktionsbefugnis des Bundesrats keine zeitliche Schranke gezogen habe, und daß, sofern nicht etwa aus dem Wesen der Reichsverfassung heraus mit zwingender Logik nachgewiesen werden könnte, daß hier eine positive Grenze bestehe, auch von einer indirekt gegebenen, aus dem Geist der Verfassung abgeleiteten Grenze nicht gesprochen werden dürfe.[10])

---

[8]) Kleine (a. a. O., S. 36 f.) weist darauf hin, daß übrigens schon zur Zeit der Entstehung der Verfassung des Norddeutschen Bundes über die Frage in der Wissenschaft Meinungsverschiedenheiten bestanden, da damals Hiersemenzel und Zöpfl verschiedene Ansichten vertraten.

[9]) cf. Sten. Ber. d. d. Reichstags, XI. Leg.-Per., 1. Session (N. D. Bd. 199), S. 2083, B—D.

[10]) Den rechtlichen Standpunkt des Staatssekretärs des Reichsjustizamtes haben damals auch geteilt: Reichskanzler Fürst Bülow (S. 2074, A)

II. Worin aber der tiefere Grund dafür liegt, daß — im Gegensatz zu den erwähnten ausländischen Verfassungen — nur eine so verschwindend geringe Zahl von deutschen Verfassungen eine Fristbestimmung kennt, die meisten sich dagegen jeder solchen Bestimmung enthalten, zeigt sich, wenn man das Wesen der in Betracht kommenden Verfassungen, d. h. die Grundgedanken, auf welchen sie aufgebaut sind, näher betrachtet.

Eine Fristbestimmung — wenn auch wegen des Fehlens der Sanktion als eines selbständigen Momentes nur für die Publikation — ist enthalten vor allem in den Verfassungen republikanischer Staaten, so in der Verfassung der Vereinigten Staaten von Amerika, der Verfassung Frankreichs und derjenigen der Freien Stadt Hamburg. Eine Fristgrenze für Sanktion und Publikation kennt ferner England, wo die Rechte des Königs beim Gesetzgebungsverfahren gering sind, insbesondere ein königliches Veto gegen die vom Parlament angenommenen Gesetzentwürfe seit zwei Jahrhunderten nicht mehr besteht. Eine Sanktionsfrist hatte vor allem als erste Verfassung die französische Konstitution von 1791 eingeführt, welche auf demokratischer Grundlage beruhte, die Souveränität dem Volke zuschrieb und die Rechte des Königs nach Möglichkeit zu beschneiden suchte.

Ihr setzte die Charte von 1814 das monarchische Prinzip gegenüber und erklärte,[11]) daß in Frankreich alle öffent-

---

und die Abgeordneten Bachem (S. 2085—2086, C), v. Gerlach (S. 2113, D), Arendt (S. 2115, D) und Schrader (S. 2157, D) im Gegensatz zu den Abgeordneten Gothein (S. 2044, B), Graf Reventlow (S. 2053, A), Stockmann (S. 2081, C—D), Müller-Meiningen (S. 2152, D—2154, B) und v. Normann (S. 2161, A—C). — Damals nahm der Reichstag nach längerer Debatte in der Sitzung vom 16. April 1904 (Sten. Ber. a.a.O., S. 2166, B u. C) auf Antrag der Abgeordneten Müller-Meiningen und Stockmann folgende Resolution an: „Der Reistag wolle beschließen, den Reichskanzler zu ersuchen, dem Reichstage alsbald einen Gesetzentwurf vorzulegen, durch welchen Art. 5, Abs. 1 der Verfassung des Deutschen Reiches dahin ergänzt wird, daß die zu einem Reichsgesetze erforderliche Übereinstimmung der Mehrheitsbeschlüsse des Reichstags und des Bundesrats spätestens vor dem Tage des Zusammentritts des neugewählten Reichstags herbeigeführt werden muß." — Ein derartiger Gesetzentwurf ist indessen dem Reichstag bis jetzt noch nicht vorgelegt worden.

[11]) vergl. die Einleitung zur Charte vom 4. Juni 1814, bei Pölitz, a.a.O., Bd. II, S. 89.

liche Gewalt von der Person des Königs ausgehe und derselbe nur in Ausübung seiner Befugnisse durch die Mitwirkung der Kammern beschränkt sei. Von diesen Grundsätzen ausgehend, durfte, da diese Verfassung keine Fristbestimmung kannte, aus dem Wesen der Verfassung auch nicht eine in der Verfassung nicht enthaltene, die Rechte des Königs einschränkende Fristbestimmung gefolgert werden.

Die Verfassungen der monarchischen Staaten Deutschlands nahmen sich aber zum Vorbild nicht die französische Verfassung von 1791, sondern diejenige von 1814. Auch sie wurden begründet auf dem monarchischen Prinzip und erkannten den Monarchen als alleinigen Träger der Staatsgewalt an.

III. Damit komme ich zu dem Grund, der m. E. zugleich den Ausschlag dafür gibt, daß in den deutschen Staaten, welche eine Zeitgrenze für die Sanktion nicht vorschreiben, eine solche keinenfalls als bestehend angenommen werden darf, und den ich in dem Wesen dieser Verfassungen erblicke: nämlich einmal in dem Wesen des Trägers der Staatsgewalt im allgemeinen und zum andern in seiner Stellung als Träger der Gesetzgebung im besonderen.

A. Man braucht nicht soweit zu gehen wie Zachariä[12]) und zu sagen: „Eine Frist, innerhalb welcher die Publikation erfolgen müßte, kann ohne wesentliche Verletzung des monarchischen Prinzips nicht vorgeschrieben werden." Aber nicht bestreiten läßt sich, daß jede Bestimmung einer Frist eine Begrenzung der Rechte des Trägers der Staatsgewalt, also in den Monarchien Deutschlands des Monarchen und in dem Deutschen Reiche selbst der verbündeten Regierungen darstellt. Unzweifelhaft aber widerspricht es in jeder Hinsicht dem Wesen der Verfassungen der deutschen Monarchien, dort eine Begrenzung der Rechte des Monarchen anzunehmen, wo es an der Bestimmung einer solchen Begrenzung fehlt; und das gleiche gilt auch, soweit überhaupt die Zuständigkeit des Reiches sich erstreckt, für die Gesamtheit der verbündeten Regierungen als der Träger der Staatsgewalt in dem auf monarchischer Grundlage ruhenden Deutschen Reiche.

---

[12]) Zachariä, Deutsches Staats- und Bundesrecht, 3. Aufl., Bd. II, S. 177 (§ 161).

Die Verfassungen aller monarchisch regierten Gliedstaaten des Deutschen Reiches sind aufgebaut auf dem monarchischen Prinzip, d. h. es gilt für sie der *Grundsatz*: Der Monarch vereinigt in seiner Person die gesamten Rechte der Staatsgewalt. Dieser Grundsatz ist in den meisten Verfassungen ausdrücklich ausgesprochen, aber er liegt — und darüber besteht kaum eine Meinungsverschiedenheit — auch denjenigen Verfassungen zugrunde, welche ihn nicht in ausdrücklicher Formulierung enthalten.[13]) Zwar ist *der Monarch* durch die Verfassungen in der Ausübung seiner Rechte beschränkt; aber er *behält die Präsumption der Berechtigung; es stehen ihm alle diejenigen Rechte zu, welche ihm nicht ausdrücklich entzogen sind, und er unterliegt nur denjenigen Beschränkungen, welche ihm in der Verfassung ausdrücklich auferlegt sind.*[14])

Der gleiche Grundsatz gilt aber auch im Deutschen Reiche, soweit dessen Kompetenz sich erstreckt, *für den Bundesrat.* Denn die Einzelstaaten, aus welchen das Reich besteht, sind mit wenigen Ausnahmen Monarchien, in welchen, wie erwähnt, der Monarch Träger der Staatsgewalt ist und alle Rechte derselben ausübt. Diese Monarchen haben in ihrer Eigenschaft als Oberhäupter ihrer Staaten zusammen mit den Freien Städten bzw. den Senaten derselben als deren organischen Vertreter „den ewigen Bund geschlossen", d. h. staatsrechtlich betrachtet das Deutsche Reich gegründet, und ihre Gesamtheit, d. h. die Gesamtheit der verbündeten Regierungen — der Monarchen und der Senate — ist daher der Träger der Staatsgewalt im Deutschen Reiche,[15]) von

---

[13]) cf. *Meyer*, Lehrbuch des deutschen Staatsrechts, 6. Aufl., § 84 (S. 243 ff.), besond. Anm. 8 u. 9 (S. 245).

[14]) cf. *Meyer*, Lehrbuch, a. a. O., und Anteil der Reichsorgane an der Reichsgesetzgebung, S. 15 ff.

[15]) cf. *Meyer*, Lehrbuch, a. a. O., S. 420. — Wenn *Laband* (Staatsrecht des Deutschen Reiches, 4. Aufl., Bd. I, S. 90 ff., und Reichsstaatsrecht im d. R. d. G., S. 25) dagegen ausführt, daß die sämtlichen Mitglieder des Reiches, d. h. die *Staaten* Träger der Staatsgewalt seien, und hinzufügt, weil aber die deutschen Staaten mit Ausnahme der Freien Städte Monarchien seien, in welchen die Monarchen die allein berechtigten Träger der Staatsgewalt seien, könne man daher in diesem Sinne auch sagen, „daß die deutschen Fürsten und Freien Städte in ihrer Gesamtheit die Träger oder In-

welchem man deshalb sagen kann, daß es auf monarchischer Grundlage aufgebaut ist. Diese Regierungen aber üben ihre Rechte im Reiche durch den Bundesrat aus, welcher daher der Repräsentant des Trägers der Staatsgewalt im Reiche ist. Zwar haben sich die verbündeten Regierungen als beschränkendes Element eine Volksvertretung, den Reichstag, zur Seite gestellt; weil aber staatsrechtlich betrachtet die verbündeten Regierungen in ihrer Gesamtheit das Reich gegründet haben und die Träger seiner Staatsgewalt sind, unterliegen auch sie nur den Beschränkungen, welche ihnen ausdrücklich auferlegt sind. Auch die Gesamtheit der verbündeten Regierungen, bzw. der Bundesrat als ihr Repräsentant, besitzen daher innerhalb der Sphäre des Reichs die Präsumption der Berechtigung in demselben Maße wie der Monarch in den Gliedstaaten.[16])

Durch diesen für das Deutsche Reich wie für seine monarchischen Gliedstaaten geltenden Grundsatz ist[17]) aber für die Entscheidung aller Streitfragen über den Umfang der Rechte von Monarch im Einzelstaat und Bundesrat im Reiche und insbesondere der Kompetenzstreitigkeiten zwischen diesen und der ihnen als beschränkendes Element beigegebenen Volksvertretung eine Präsumption geschaffen, welche für die Unbeschränktheit von Monarch bzw. Bundesrat und gegen die Kompetenz wie aller beschränkenden Faktoren so insbesondere der Volksvertretung streitet. Da sich aber

---

haber der souveränen Reichsgewalt" seien, so ist dies m. E. insofern nicht richtig, als Laband hier nicht scharf zwischen Inhaber und Träger der Staatsgewalt scheidet; Inhaber der Staatsgewalt im Deutschen Reiche ist die Gesamtheit der Staaten, aus welchen das Deutsche Reich besteht, und diese Gesamtheit ist identisch mit dem Reiche selbst; Träger der Staatsgewalt im Reiche aber sind die verbündeten Regierungen, d. h. die Monarchen und die Senate der Freien Städte, aus den im Text näher dargelegten Gründen.

[16]) cf. Meyer, Lehrbuch, a.a.O., S. 425 ff. (§ 121); siehe auch Anschütz, Deutsches Staatsrecht, a.a.O., S. 542 (§ 19); v. Seydel, Kommentar a.a.O., S. 141 (zu Art. 7, Anm. III) und S. 232 (zu Art. 33, Anm. II), sowie im Jahrbuch für Gesetzgebung, Verwaltung und Volkswirtschaft, Bd. III, S. 284 ff.; Laband, Reichsstaatsrecht im ö.R.d.G., S. 60; v. Jagemann, a.a.O., S. 96.

[17]) wie für das Landesstaatsrecht Anschütz, Die gegenwärtigen Theorien über den Begriff der gesetzgebenden Gewalt, 2. Aufl., S. 4, ausführt; cf. auch v. Gerber, Grundzüge des deutschen Staatsrechts, 3. Aufl., S. 133.

jede Fristbegrenzung des Sanktionsrechts unzweifelhaft als eine Beschränkung der Rechte des Monarchen im Einzelstaat und des Bundesrats im Reiche darstellt, darf sie schon mit Rücksicht auf den dargelegten Grundsatz dort, wo sie nicht in einer ausdrücklichen Bestimmung der Verfassung niedergelegt ist oder sich unzweideutig aus den Verfassungsbestimmungen ergibt, nicht angenommen werden.

Daß sie sich aber nicht unzweideutig aus den Verfassungen ergibt, beweist wohl am besten die große Mannigfaltigkeit der von der Theorie aufgestellten Fristgrenzen.[18])

B. Aber nicht nur aus dem Wesen des Trägers der Staatsgewalt im allgemeinen, sondern auch aus seiner Stellung als Träger der Gesetzgebung im besondern, d. h. aus seinem Sanktionsrecht, folgt für das Deutsche Reich und seine monarchischen Gliedstaaten die im Zweifel zeitliche Unbeschränktheit des Sanktionsrechtes.

Das Recht der Gesetzgebung ist, wie einleitend bemerkt, ein Ausfluß der Staatsgewalt, und demnach ist der Träger der Staatsgewalt auch der Träger der Gesetzgebung; mit andern Worten: „Das Subjekt der gesetzgebenden Gewalt ist identisch mit dem Träger der Staatsgewalt.“[19]) Daher ist Gesetzgeber in den monarchischen Gliedstaaten des Deutschen Reiches allein der Monarch,[20]) im Deutschen Reich allein der Bundesrat als der Repräsentant des Trägers der Staatsgewalt,[21]) und nicht etwa Bundesrat und Reichstag.

Zwar sind Monarch im Einzelstaat und Bundesrat im Reiche in der Ausübung des Gesetzgebungsrechts durch das Erfordernis der Mitwirkung der Volksvertretung beschränkt, aber nach dem

---

[18]) Denn das ist gerade, wie Kleine, a. a. O., S. 36, hervorhebt, einer der schwächsten Punkte in der Beweisführung der Vertreter der Fristentheorien, daß sie sich über die wichtigste Frage, wie lange die Frist dauern soll, so uneinig sind.

[19]) Laband, Staatsrecht d. D. R., 4. Aufl., Bd. II, S. 26, und Reichsstaatsrecht im ö. R. d. G., S. 109.

[20]) Meyer, Lehrbuch, a. a. O., S. 559 (bes. Anm. 1).

[21]) Meyer, Anteil der Reichsorgane an der Reichsgesetzgebung, bes. S. 41—58; v. Seydel, Kommentar a. a. O., S. 115 (zu Art. 5, Anm. I) und im Jahrbuch für Gesetzgebung, Verwaltung und Volkswirtschaft, Bd. III, S. 284 ff.; Anschütz, Deutsches Staatsrecht, a. a. O., S. 542.

Grundsatz der Präsumption nur soweit es in der Verfassung bestimmt ist. Schon um deswillen muß in diesen Staaten der entscheidende Entschluß, ob ein Staatswille Gesetz werden soll, das sogenannte Recht der Sanktion, „welche allein die Gesetzgebung im staatsrechtlichen Sinne des Wortes ist", im freien Belieben des Trägers der Staatsgewalt verbleiben, auch wenn die Verfassung hierüber eine besondere Bestimmung nicht enthält.[22]) Alle Bedenken aber, welche in dieser Hinsicht bezügl. des Reichsstaatsrechts noch erhoben werden könnten, — für das Staatsrecht der deutschen monarchischen Gliedstaaten ist das Sanktionsrecht des Monarchen kaum bestritten, — werden ja endgültig dadurch widerlegt, daß dem Bundesrat das Sanktionsrecht in Art. 7 Z. 1 der Reichsverfassung sogar ausdrücklich gegeben ist.

Ist aber die Sanktion tatsächlich der Akt, durch welchen der Träger der Staatsgewalt als Träger der Gesetzgebung den in seinem freien Belieben stehenden Entschluß faßt, ob ein Staatswille Gesetz werden soll, kommt also „der entscheidende und freie Wille, ob etwas Gesetz werden soll oder nicht, allein bei der Sanktion zur Entfaltung",[23]) so folgt daraus mit Notwendigkeit, daß dieses Recht grundsätzlich in jeder Hinsicht unbeschränkt ist und deshalb nur den Beschränkungen unterliegen kann, welche in der Verfassung ausdrücklich festgesetzt sind.

Dieses Recht aber zeitlich begrenzen bedeutet soviel, wie es wesentlich einschränken. Denn an eine zeitliche Grenze gebunden würde es zu einem zeitlich bedingten Veto-Rechte herabgedrückt.[24]) Nirgends aber findet sich, weder in der Verfassung des Deutschen Reiches selbst noch in denjenigen seiner monarchischen Gliedstaaten — von den wenigen im ersten Teil besprochenen Ausnahmen abgesehen — auch nur ein Anhaltspunkt dafür, daß das seinem Wesen nach im Zweifel in jeder Hinsicht unbeschränkte Recht

---

[22]) vergl. für die Verfassung des Deutschen Reiches v. Seydel, Kommentar a. a. O., S. 117.

[23]) Laband, Staatsrecht des D. R., 4. Aufl., Bd. II, S. 27.

[24]) Darauf haben schon Zöpfl, Grundsätze des gemeinen deutschen Staatsrechts, 5. Aufl., Bd. II, S. 326 (§ 373, VII), und Held, System des Verfassungsrechts der monarchischen Staaten Deutschlands, Bd. II, S. 490 (§ 413, Ziffer 12), hingewiesen.

in solcher Weise wesentlich beschränkt sein soll. Daher ist die logische Folge die, daß das Recht, die Sanktion schlechthin zu verweigern, auch das kleinere Recht in sich schließen muß, sie auf Zeit zu verweigern, ihre Erteilung hinauszuschieben,[25] wo nicht ausdrücklich das Gegenteil in der Verfassung bestimmt ist.

Da das Sanktionsrecht ein im freien Belieben des Gesetzgebers stehendes Recht ist, muß es diesem auch gestattet sein, nach freiem Ermessen den Zeitpunkt der Erteilung der Sanktion zu bestimmen.[26])

IV. Das Ergebnis dieser Beweisführung ist: **Eine Zeitgrenze für die Sanktion gibt es positiv rechtlich überhaupt nicht**, die Sanktion ist vielmehr im Deutschen Reiche und seinen monarchischen Gliedstaaten grundsätzlich zeitlich unbeschränkt.

Damit ist aber noch keineswegs gesagt, — was zur Widerlegung dieser Ansicht von vielen Anhängern der Fristentheorien[27]) mit Vorliebe geltend gemacht wird, — daß hiernach der Monarch in den Einzelstaaten und der Bundesrat im Deutschen Reiche alte, längst vergessene Gesetzentwürfe, die einmal die Volksvertretung angenommen hat, ausgraben und unter gänzlich veränderten Verhältnissen sanktionieren könne. Das verbietet allein schon das Prinzip von Treu und Glaube, welches auch im öffentlichen Recht herrschen muß.[28])

Die Ansicht, daß ein Recht schon lediglich deswegen beschränkt sein müsse, weil es andernfalls in schikanöser Weise ausgeübt werden könne, müßte notgedrungen dahin führen, für jedes Recht, welches dem freien Belieben des Trägers der Staatsgewalt unterliegt, irgend eine Schranke zu erfinden. Und wie zahlreiche und

---

[25]) Anschütz, Deutsches Staatsrecht, a.a.O., S. 600, und in der Tägl. Rundschau, a.a.O.

[26]) Fleischmann, a.a.O., S. 60.

[27]) z. B. von Binding, National-Zeitung, a.a.O.; Bornhak, National-Zeitung a.a.O.; Müller-Meiningen, Annalen a.a.O. S. 307, und Voss. Zeitung, a.a.O.; Geffcken, Köln. Zeitung, a.a.O.; v. Jagemann, a.a.O., S. 93; Jastrow, in der „Nation", a.a.O., S. 634; Geiershöfer, Das geltende deutsche Wucherrecht, S. 11 (welcher sich als Gegner des zeitlich unbeschränkten Sanktionsrechts erklärt, ohne jedoch anzugeben, welche der von ihm erwähnten Fristentheorien er für richtig hält, deshalb auch oben weder in § 7 noch in § 8 angeführt ist).

[28]) Laband, D. Jurist. Zeitung, 1904, S. 324.

wichtige Rechte stehen im freien Belieben des Monarchen in den deutschen Gliedstaaten und des Bundesrats, ja auch des Kaisers im Reiche! Das zeigt wohl am besten, daß ohne bona fides namentlich das konstitutionelle System nicht durchführbar ist, daß aber andererseits auch mit Rücksicht auf die Geltung des Prinzips von Treu und Glaube nicht jedes Recht von Schranken eingeengt sein muß, um schikanöse Ausnutzung desselben zu verhindern.

Eine Regierung würde aber, — wie Laband[29]) betont, — dieses oberste Prinzip von Treu und Glauben, in welchem Recht und Ethik zusammenfließen, in der Tat auf das ärgste verletzen, wenn sie einen früher einmal von der Volksvertretung genehmigten Gesetzentwurf unter wesentlich veränderten Verhältnissen sanktionieren würde; sie würde die schärfste Opposition herausfordern und ihr eigenes Ansehen untergraben.

Ob und inwieweit sich die Verhältnisse geändert haben, ist freilich quaestio facti wie alle Fragen, bei denen es sich darum handelt, ob ein Verhalten Treu und Glauben verletze. Vielfach wird es darauf ankommen, wie sich durch Neuwahlen die Majoritätsverhältnisse geändert haben. Wenn aber z. B. die Parteien aus den Neuwahlen im wesentlichen in gleicher Stärke hervorgegangen sind, wie sie sie vorher hatten, wenn die Majorität, welche dem Gesetzentwurf zugestimmt hatte, fortbesteht, und dies nach der Zusammensetzung der Volksvertretung als unzweifelhaft anzunehmen ist, so kann man unmöglich eine Verletzung von Treu und Glauben darin sehen, wenn der Träger der Staatsgewalt einen Gesetzentwurf aus einer früheren Legislaturperiode sanktioniert, ohne eine Verdoppelung oder Erneuerung des Zustimmungsbeschlusses der Volksvertretung zu fordern.

Andererseits freilich können sich, worauf schon hingewiesen wurde, die Majoritätsverhältnisse einer Volksvertretung ja auch innerhalb derselben Legislaturperiode, ja innerhalb derselben Session wesentlich ändern, und es würde dann unzweifelhaft gegen Treu und Glauben verstoßen, wenn der Träger der Staatsgewalt, obwohl er annehmen muß, daß die Volksvertretung jetzt nicht mehr zustimmen würde, ein Gesetz dennoch sanktionierte, sich dabei lediglich darauf stützend, daß ihm ja im Laufe derselben Session oder

---

[29]) Laband, a.a.O.

Legislaturperiode die Zustimmung der Volksvertretung erteilt worden sei. Hierin zeigt sich wohl am deutlichsten, wohin die Schematisierung führt, welche in den Sessions- und Legislaturperiodentheorien liegt, wie diese Theorien unter Umständen in der Praxis völlig versagen und ohne das Prinzip von Treu und Glauben gerade das nicht erreichen, was sie — insbesondere die Legislaturperiodentheorien — in erster Linie sichern wollen: die innere Übereinstimmung von Träger der Staatsgewalt und Volksvertretung.

Gewiß wird es nicht immer leicht sein, zu konstatieren, ob sich die Verhältnisse geändert haben; aber eins läßt sich nicht bestreiten: Mag man mit Binding,[30]) Kahl,[31]) Laband[32]) und anderen[33]) auf dem Standpunkt stehen, daß ein Beschluß der Volksvertretung durch einen späteren Beschluß wieder aufgehoben werden kann,[34]) oder mag man mit Arndt[35]) der Ansicht sein, daß dies nicht möglich ist: Faßt eine Volksvertretung tatsächlich einen Beschluß, welcher einem früher zwecks Genehmigung eines Gesetzentwurfs gefaßten Beschlusse direkt entgegengesetzt ist, so geht daraus unzweifelhaft der Wechsel ihrer Meinung klar hervor, und der Träger der Staatsgewalt würde gegen Treu und Glauben verstoßen, wenn er trotzdem die Sanktion erteilen würde. Daß aber die Landtage in den Einzelstaaten und der Reichstag im Reiche jederzeit die Möglichkeit haben, tatsächlich solche Beschlüsse zu fassen, läßt sich wohl nicht bestreiten. —

Hat übrigens die Volksvertretung den Wunsch nach einem alsbaldigen Inkrafttreten des ihr vorliegenden Gesetzentwurfes, so kann sie ja auch eine Zeitbestimmung dem Gesetzentwurfe hinzufügen, dahin lautend: Dieses Gesetz tritt spätestens am .... in Kraft. Eine solche Klausel, welche sich übrigens nicht selten in Gesetzen findet, ja häufig schon in den Regierungsentwürfen ent-

---

[30]) Binding, National-Zeitung, a.a.O.

[31]) Kahl, Tägl. Rundschau, a.a.O.

[32]) Laband, D.J.Z., a.a.O., S. 323.

[33]) z. B. Burger, a.a.O., S. 54, und Kleine, a.a.O., S. 48 und 52.

[34]) So auch die Ansicht der Reichsverwaltung und der verbündeten Regierungen; cf. die Erklärung des Staatssekretärs Dr. Nieberding, Sten. Ber. d. d. R., a.a.O., S. 2083, A und B.

[35]) Arndt, im „Recht", 1904, S. 207.

halten ist, schließt in solchem Falle selbstredend eine Sanktion erst nach diesem Termine aus.[36]) —

Ist jedoch eine solche Bestimmung nicht in das Gesetz aufgenommen und wird die Sanktion verzögert, so hat ja die Volksvertretung auch jederzeit die Möglichkeit, durch Interpellationen sich nach dem Stande des Gesetzentwurfs, insbesondere den Gründen der Verzögerung zu erkundigen und dabei eventuell ihre derzeitige Stellung durch einen Beschluß kundzutun.

Im Deutschen Reiche aber wird die Volksvertretung sogar der Mühe enthoben, aus eigener Initiative sich nach dem Stand der noch nicht erledigten Gesetzentwürfe umzutun. Denn infolge eines in der 2. Session der I. Legislaturperiode geäußerten Wunsches des Reichstags übersendet der Bundesrat seit dem Jahre 1873[37]) zu Beginn einer jeden Session dem Reichstag eine „Übersicht der vom Bundesrat gefaßten Entschließungen auf Beschlüsse des Reichstags", durch welche der Reichstag darauf aufmerksam gemacht wird, welche seiner Beschlüsse aus den früheren Sessionen oder Legislaturperioden der Bundesrat noch nicht erledigt hat. § 34 der Geschäftsordnung des Reichstags bestimmt sogar, daß diese Übersichten jedesmal gedruckt und unter die Reichstagsmitglieder verteilt werden, daß innerhalb vierzehn Tagen jedes Mitglied dieses Verzeichnis zum Gegenstand von Bemerkungen, welche sich in erster Linie auf den Mangel der Erledigung bestimmt anzuführender Punkte beziehen sollen, machen kann, und diese Bemerkungen sodann auf die Tagesordnung zu setzen sind. Der Reichstag weiß also nicht nur stets, ob eine von ihm angenommene Gesetzesvorlage vom Bundesrat erledigt ist oder noch nicht, sondern es wird ihm zu Beginn jeder Session noch einmal besonders Gelegenheit geboten, für den Fall, daß die Entscheidung des Bundesrats noch aussteht, die Verzögerung zur Sprache zu bringen.[38])

---

[36]) Kleine, a.a.O., S. 49.

[37]) cf. Sten. Ber. über die Verhandlungen des deutschen Reichstags, I. Leg.-Per., 4. Session, III. Bd.: Anlagen (N. O. Bd. 29), Anlage 14, S. 60 ff.

[38]) So war z. B. auch bei dem Gesetz, dessen späte Sanktion die Literatur ganz besonders beschäftigt hat, dem Gesetze betr. die Aufhebung des § 2 des Jesuitengesetzes vom 8. März 1904, dem Reichstag dreimal (cf. Staatssekretär Dr. Nieberding, a.a.O., S. 2120, A—D) in den vom

Auch hieraus geht hervor, wie gut sich mit einem zeitlich unbeschränkten Sanktionsrecht in der Praxis auskommen läßt, und wie die Anhänger der Fristentheorien das angeblich rechtlich Notwendige mit dem vielleicht politisch Wünschenswerten verwechseln.[39])

4. Abschnitt:

§ 16.

Nachweis der rechtlichen Notwendigkeit alsbaldiger Publikation nach erfolgter Sanktion.

I. Sowohl von Anhängern wie von Gegnern der Fristentheorien wird, wie bereits bemerkt,[1]) nur selten bei der Beweisführung die Publikation von der Sanktion scharf geschieden; die meisten begnügen sich damit, ihre Beweisführung auf die Sanktion zu beschränken und für die Publikation nur das gleiche Ergebnis zu behaupten wie für die Sanktion.

Und doch liegen die Verhältnisse für die Publikation wesentlich anders wie für die Sanktion.

Mit der Frage nach dem Zeitpunkt für die Vornahme der Sanktion hat die Frage nach dem Zeitpunkt für die Vornahme der Publikation allerdings zunächst das gemeinsam, daß die aufgestellten Fristentheorien sich auch für letztere nicht halten lassen.[2]) Ferner spricht ebenso wie gegen eine Sanktionsfrist auch gegen eine Publikationsfrist der Umstand, daß trotz zahlreicher Beispiele in

---

Bundesrat übermittelten Verzeichnissen, so insbesondere in der dem Reichstag unter dem 21. Januar 1904 zu Beginn der XI. Leg.-Per. übersandten Übersicht, in welcher sogar noch Beschlüsse aus der vorvorigen, der IX. Leg.-Per., als noch nicht erledigt angeführt wurden, mitgeteilt worden, daß die Beschlußfassung des Bundesrats zu dem Beschluß des Reichstags vom 1. Februar 1899 betr. Aufhebung des § 2 des Jesuitengesetzes noch ausstehe. Damit hatte der Bundesrat, wie Kleine zutreffend ausführt, den Reichstag darauf aufmerksam gemacht, daß er sich die Beschlußnahme noch weiterhin vorbehalte.

[39]) Anschütz, Deutsches Staatsrecht, a.a.O., S. 600.

[1]) oben § 8.

[2]) siehe oben § 11—14.

ausländischen Verfassungen in den Verfassungsurkunden sowohl des Deutschen Reiches wie aller seiner Gliedstaaten mit alleiniger Ausnahme des Herzogtums Sachsen-Koburg-Gotha und der Freien Stadt Hamburg eine Fristbestimmung fehlt;[3]) denn selbst für diejenigen vier deutschen Gliedstaaten, für welche in den Bestimmungen über den Landtagsabschied eine Zeitgrenze für die Sanktion zu erblicken ist, kann das Gleiche unmöglich für die Publikation behauptet werden, da letztere nach deutschem Verfassungsrecht niemals im Landtagsabschied geschehen kann.

Die Folge ist hiernach zunächst dieselbe wie für die Sanktion: Eine in irgend einer Weise zu begrenzende **Frist** besteht auch für die Publikation nicht.

Der Mangel einer Fristbestimmung läßt indessen für die zeitliche Vornahme einer Handlung zwei Möglichkeiten zu: Entweder liegt es im freien Ermessen des Handelnden, den Zeitpunkt zu bestimmen, oder er muß die Handlung alsbald vornehmen.

Wie ich ersteres für die Sanktion aus ihrer rechtlichen Natur gefolgert habe, ergibt sich für die Publikation aus deren rechtlicher Natur letzteres und zwar aus folgenden Gründen:

Wie im vorigen Abschnitt unter Berufung auf Laband ausgeführt, ist „die Sanktion der Kernpunkt des ganzen Gesetzgebungsvorganges; alles, was vorher auf dem Wege der Gesetzgebung geschieht, ist nur Vorbereitung derselben, Erfüllung von erforderlichen Vorbedingungen; alles, was nachher geschieht, ist notwendige Rechtsfolge der Sanktion, unabwendbar durch dieselbe bereits verursacht".

Auf die Sanktion aber muß notgedrungen die Publikation folgen. Denn damit der durch die Sanktion ins Leben gerufene Gesetzeswille denen, die er binden soll, erkennbar wird, bedarf er der Verkündung in der durch die Verfassung vorgeschriebenen Form; und wer die Publikation vornimmt oder, genauer gesagt, den Befehl zur Publikation gibt, muß vorher die verfassungsmäßige Ent-

[3]) Darauf weisen besonders hin für Preußen: Arndt, Verfassungsurkunde für den Preußischen Staat, 6. Aufl., S. 366 (zu Art. 106, Anm. 3), und für das Deutsche Reich: Henle, a.a.O., S. 107.

stehung des Gesetzes prüfen und alsdann die zu veröffentlichende Gesetzesurkunde ausfertigen. Solche im Grunde genommen lediglich formelle Akte dürfen aber, weil sie ja nur notwendige Folgen der Sanktion sind, niemals den Zweck, welcher in der Schaffung des Gesetzes besteht, in irgend einer Weise beeinträchtigen.[4]) Beides aber, nämlich daß diese Akte nur notwendige und unabwendbare Folgen der Sanktion sind und daß sie deshalb den Zweck der Sanktion nicht beeinflussen dürfen, geht wohl am klarsten einmal daraus hervor, daß diese sämtlichen Akte Organen übertragen sein können, welche an der Sanktion nicht beteiligt sind, wie es z. B. im Deutschen Reiche der Fall ist, wo dem Kaiser „die Ausfertigung und Verkündigung" obliegt; und zum andern daraus, daß, wo diese Akte einem solchen besonderen Organ übertragen sind, es keinem Zweifel unterliegt, daß es nicht im Belieben dieses Organes steht, ob es diese Akte vornehmen will, sondern es lediglich seine Pflicht ist, sie vorzunehmen.

Andererseits aber ist der Zeitpunkt der Vornahme der Publikation, weil durch dieselbe der Entwickelungsprozeß des Gesetzes erst zum endgültigen Abschluß gelangt und das Inkrafttreten des Gesetzes sich im Zweifel nach dem Moment der Publikation richtet, von entscheidender Bedeutung für die Entstehung des durch die Sanktion bezweckten Gesetzes.

Darf aber die Publikation als notwendige und unabwendbare Folge der Sanktion den Zweck derselben nicht beeinträchtigen, und ist andererseits der Zeitpunkt der Vornahme der Publikation von entscheidender Bedeutung für die Entstehung des Gesetzes, so ist, weil jede Verzögerung der Publikation „eine Verlängerung der durch das Gesetz fixierten vacatio legis herbeiführt"[5]) und damit den Zweck des Gesetzes beeinträchtigt, die notwendige Folge, daß **die Publikation und die zu ihrer Vornahme notwendigen Handlungen alsbald nach erfolgter Sanktion vorgenommen werden müssen**, d. h. daß nach der Sanktion bis zur Vornahme der Publikation nur soviel Zeit verstreichen darf, als nach dem gewöhnlichen Geschäftsgang erforderlich ist, um die verfassungsmäßige Ent-

[4]) Frormann, a.a.O., S. 513.

[5]) Jellinek, a.a.O., S. 333.

stehung des Gesetzes zu prüfen, die Gesetzesurkunde auszufertigen und den Befehl zur Verkündigung zu erteilen.[6])

II. Die Frage nach dem Zeitpunkt der Vornahme der Publikation und der ihr notwendig vorausgehenden Akte wird freilich nur dort aktuell werden, wo die Erteilung des Publikationsbefehls als selbständiger Akt nach außen hervortritt: nämlich einmal in den Staaten, in welchen die Publikation einem anderen Organe als dem die Sanktion erteilenden Träger der Staatsgewalt übertragen ist, was ja von den deutschen Verfassungen nur für die Verfassung des Deutschen Reiches zutrifft, in welchem der Kaiser Ausfertigung und Verkündigung, der Bundesrat aber die Sanktion vorzunehmen hat; und zum andern in jenen Staaten, in welchen die Sanktion kein selbständiger Akt eines Staatsorgans ist, sondern der entscheidende Entschluß, daß der Staatswille Gesetz werden soll, durch die und mit den die Bildung des Gesetzeswillens betreffenden übereinstimmenden Beschlüssen der für die Willensbildung zuständigen Organe entsteht und daher mit diesen Beschlüssen in einen Akt zusammenfällt,[7]) was in Deutschland nur in den drei Freien Städten Hamburg, Bremen und Lübeck der Fall ist, von denen allerdings Hamburg in Art. 77 seiner Verfassung dem Senat zur Verkündung eine Frist von vierzehn Tagen vorschreibt.

Etwas anders liegen die Verhältnisse in sämtlichen monarchischen Gliedstaaten des Deutschen Reiches. In ihnen allen hat den Befehl zur Publikation der die Sanktion erteilende Träger der Staatsgewalt, der Monarch, zu geben. Die Folge davon aber, daß diese beiden Akte demselben Organ obliegen, ist, daß, soweit beide Akte nicht überhaupt gleichzeitig erfolgen, die Sanktion als selbständiger Akt nach außen nicht hervortritt, sondern ihre Vornahme erst durch die ihr nachfolgende Publikation erkennbar wird. Der Fall, daß die Erteilung der Sanktion bekannt gegeben, die Verkündigung aber in diesem Augenblick noch nicht befohlen ist, dürfte deshalb nur selten vorkommen, vielleicht am ersten noch in

---

[6]) Über das Erfordernis alsbaldiger Verkündigung einmal beschlossener Gesetze siehe schon Moser, Teutsches Staatsrecht, Bd. 50, Kap. 38, § 5, S. 46—49.

[7]) siehe oben § 1.

den deutschen Staaten, die einen Landtagsabschied kennen, in welchem ja die Entschließungen des Landesherrn auf die Beschlüsse des Landtags mitgeteilt zu werden pflegen, soweit sie nicht, wie in Bayern, Sachsen, Oldenburg und Reuß ä. L., sogar in diesem Zeitpunkt spätestens mitgeteilt werden müssen. Wenn aber auch die Sanktion in den monarchischen Gliedstaaten des Deutschen Reiches in der Regel ein nach außen nicht erkennbar werdender Vorgang bleibt, wird der Monarch dadurch doch in keiner Weise der Verpflichtung enthoben, die Publikation alsbald nach der Sanktion vorzunehmen, wenn freilich auch dem Landtag in diesem Falle die Möglichkeit, durch Interpellationen auf die Verkündigung nach erfolgter Sanktion zu dringen, nicht gegeben ist, weil die Sanktion ihm nicht bekannt wird.

Hieraus geht aber auch hervor, daß die Streitfrage, ob der Monarch die einmal erteilte Sanktion wieder zurücknehmen kann, oder ob dies unmöglich ist, von keiner großen praktischen Bedeutung ist. Denn selbst wenn man diese Frage bejaht, kann diese Möglichkeit der Zurücknahme noch keinen Grund dafür bilden, die Vornahme der Publikation zu verzögern, vielmehr könnte eben gerade deshalb, weil die Publikation alsbald nach erfolgter Sanktion vorgenommen werden muß, nur eine sofortige Rücknahme der erteilten Sanktion in Frage kommen. Nach erfolgter Publikation aber ist die Rücknahme der Sanktion ja zweifellos ausgeschlossen. —

III. Von denen, welche bei Behandlung der vorliegenden Streitfrage eine klare Scheidung zwischen Sanktion und Publikation durchführen, haben sich für die hier vertretene Ansicht des Erfordernisses alsbaldiger Publikation nach erfolgter Sanktion nur Jellinek,[8]) welcher für die Vornahme der Sanktion jede Zeitgrenze verwirft, Frormann,[9]) der für die Sanktion die Theorie des modicum tempus aufstellt, und Müller-Meiningen,[10]) welcher für die Sanktion Vornahme bis Schluß der Legislaturperiode fordert, ausgesprochen, während Fleischmann, Zöpfl und Held ausdrücklich — ebenso wie

---

[8]) Jellinek, a.a.O., S. 332f.

[9]) Frormann, a.a.O., S. 513f.

[10]) Müller-Meiningen, Annalen, a.a.O. S. 308.

für die Vornahme der Sanktion — auch für die Vornahme der Publikation jegliche zeitliche Beschränkung verwerfen, und Cosack, welcher für Hessen Sanktion spätestens im Landtagsabschied fordert, die Bestimmung des Zeitpunktes der Publikation ins pflichtmäßige Ermessen des Großherzogs stellt. Indessen sind die von letzteren angeführten Gründe leicht zu widerlegen:

Fleischmann[11]) begnügt sich damit, darzulegen, daß weder die Sessions- noch die Legislaturperiodentheorien für die Publikation haltbar seien, auch ein Gewohnheitsrecht sich für beide nicht nachweisen lasse; daß damit jedoch die „zeitliche Unbeschränktheit" für die Publikation sich noch nicht „von selbst ergibt", wie Fleischmann meint, ist bereits unter I nachgewiesen. Ebenso ist dort eingehend dargelegt, daß der Mangel jeglicher Fristbestimmung allein noch nicht zur Folge hat, daß deshalb die Vornahme der Publikation und damit auch die Bestimmung ihres Zeitpunktes „im freien Ermessen und Willen des Souveräns" steht, wie Zöpfl[12]) und Held[13]) behaupten. Auch daß die Bestimmung des Zeitpunktes der Publikation nicht, wie Cosack[14]) aus dem Wesen der hessischen Verfassung folgert, „im pflichtmäßigen Ermessen des Großherzogs" stehen kann, — es sei denn, daß man eine Pflicht zur alsbaldigen Publikation anerkennt, — ergibt sich durch argumentum e contrario aus dem unter I dargelegten Wesen der Publikation.

IV. Auch für die Publikation zeigt sich, — was schon im vorigen Abschnitt für die Sanktion nachgewiesen wurde, — daß die Fristentheorien infolge ihrer Schematisierung in der Praxis versagen und unter Umständen gerade das nicht erreichen, was sie erreichen wollen. Wenn man nämlich die Fristentheorien konsequent auch für die Publikation durchführt, muß man es für zulässig erachten, wenn ein Gesetzentwurf, welcher im Anfange einer Session oder einer Legislaturperiode von der Volksvertretung angenommen und vom Träger der Staatsgewalt sanktioniert worden ist, erst am Ende der Session oder vor Anfang der nächsten Session,

---

[11]) Fleischmann, a.a.O., S. 86ff.

[12]) Zöpfl, Grundsätze des gemeinen deutschen Staatsrechts, 5. Aufl., Bd. II, S. 327ff.

[13]) Held, a.a.O., Bd. II, S. 92 und 490.

[14]) Cosack, a.a.O., S. 55, besond. Anm. 4.

am Ende der Legislaturperiode oder erst vor den Neuwahlen oder dem Zusammentritt der neuen Volksvertretung, also unter Umständen mehrere Jahre nach erfolgter Sanktion publiziert wird. Damit wird aber der Publikation, von welcher ja das Inkrafttreten des Gesetzes abhängt, ein weittragender Einfluß auf die Wirksamkeit des Gesetzes gegeben, welchen sie ihrer Natur nach gar nicht haben darf, wie es sich am klarsten im Deutschen Reiche zeigt.

Das beweist auch zugleich, daß nur die hier vertretene Ansicht von der Notwendigkeit alsbaldiger Publikation nach erfolgter Sanktion den Bedürfnissen der Praxis gerecht wird, wie ja auch tatsächlich alsbaldige Verkündigung nach stattgehabter Sanktion in der Praxis die Regel bildet.

Anhang.

Im Folgenden sind diejenigen Gesetze des Deutschen Reichs sowie der Königreiche Preußen und Württemberg angeführt, welche in der Literatur als Beispiele für „verspätete“, d. h. nach Schluß der Session, Beginn der neuen Session, Schluß der Legislaturperiode, Neuwahl oder Zusammentritt der neuen Volksvertretung erfolgte Sanktion und Publikation genannt werden, sowie einige Beispiele aus der Gesetzgebung des Großherzogtums Hessen. Bei Durchsicht aller deutschen Landesgesetze ließen sich wohl auch für andere deutsche Staaten Beispiele sowie für Preußen, Württemberg und Hessen solche in größerer Anzahl finden, ebenso bei Durchsicht aller Reichsgesetze eine große Zahl von solchen Reichsgesetzen, welche in Widerspruch mit den Sessionstheorien sanktioniert und publiziert sind. Dagegen dürfte die Aufzählung der im Widerspruch mit den Legislaturperiodentheorien sanktionierten und publizierten Reichsgesetze Anspruch auf Vollständigkeit machen können.

Der besseren Übersicht wegen sind bei jedem der angeführten Gesetze die entscheidenden Daten in der Weise einander gegenübergestellt, daß die linke Spalte die Daten aus der Entstehung des Gesetzes — Datum des Beschlusses der Volksvertretung, der Sanktion, der Ausfertigung, der Publikation — enthält, während in der rechten Spalte die die Session oder die Legislaturperiode betreffenden Daten angegeben sind.

A. Deutsches Reich.

1. Rechtsanwaltsordnung vom 1. Juli 1878 (R. G. Bl. 1878, S. 177):

Beschluß d. R.: 23. Mai 1878.	
	Auflösung d. R.: 11. Juni 1878.
Sanktion: 21. Juni 1878.	
Ausfertigung: 1. Juli 1878.	
Publikation: 13. Juli 1878.	
	Neuwahl: 30. Juli 1878.

2. Gesetz, betr. die Abänderung der Gewerbeordnung, vom 17. Juli 1878 (R. G. Bl. 1878, S. 210):

Beschluß d. R.: 21. Mai 1878.	
	Auflösung d. R.: 11. Juni 1878.
Sanktion: 4. Juli 1878.	
Ausfertigung: 17. Juli 1878.	
Publikation 22. Juli 1878.	
	Neuwahl: 30. Juli 1878.

3. Gesetz, betr. die Ergänzung der Bestimmungen über den Wucher, vom 19. Juni 1893 (R. G. Bl. 1893, S. 197):

Beschluß d. R.: 2. Mai 1893.	
	Auflösung d. R.: 6. Mai 1893.
Sanktion: 17. Mai 1893.	
	Neuwahl: 15. Juni 1893.
Ausfertigung: 19. Juni 1893.	
Publikation: 24. Juni 1893.	
	Zusammentritt: 4. Juli 1893.

4. Gesetz, betr. die Abänderung der Militärstrafgerichtsordnung vom 3. Mai 1890 (R. G. Bl. 1890, S. 63):

Beschluß d. R.: 15. Januar 1890.	
	Ende d. Leg.-Per.*) } Neuwahl } 20. Febr. 1890.
Sanktion: 17. April 1890.	
Ausfertigung: 3. Mai 1890.	
Publikation: 5. Mai 1890.	
	Zusammentritt: 6. Mai 1890.

*) Legislaturperiode gerechnet vom Tage der Neuwahlen.

5. Gesetz gegen den Verrat militärischer Geheimnisse vom 3. Juli 1893 (R.G.Bl. 1893, S. 205):

Beschluß d. R.: 27. April 1893.	
	Auflösung d. R.: 6. Mai 1893.
	Neuwahl: 15. Juni 1893.
Sanktion: 22. Juni 1893.	
Ausfertigung: 3. Juli 1893.	
	Zusammentritt: 4. Juli 1893.
Publikation: 14. Juli 1893.	

6. Gesetz, betr. die Aufhebung des Gesetzes über die Verhinderung der unbefugten Ausübung von Kirchenämtern vom 4. Mai 1874, vom 6. Mai 1890 (R.G.Bl. 1890, S. 65):

Beschluß d. R.: 18. Januar 1890.	
	Ende d. Leg.-Per.*) / Neuwahl: 20. Febr. 1890.
Sanktion: 24. April 1890.	
Ausfertigung: 6. Mai 1890.	= Zusammentritt: 6. Mai 1890.
Publikation: 9. Mai 1890.	

7. Gesetz wegen Ergänzung des § 100, e des Gesetzes, betr. die Abänderung der Gewerbeordnung vom 18. Juli 1881, vom 8. Dezember 1884 (R.G.Bl. 1884, S. 255):

Beschluß d. R.: 25. Juni 1884.	
	Ende d. Leg.-Per.:*) 27. Okt. 1884.
	Neuwahl: 28. Oktober 1884.
Sanktion: 17. November 1884.	
	Zusammentritt: 20. November 1884.
Ausfertigung: 8. Dezember 1884.	
Publikation: 13. Dezember 1884.	

8. Gesetz, betr. die Aufhebung des § 2 des Gesetzes über den Orden der Gesellschaft Jesu vom 4. Juli 1872, vom 8. März 1904 (R.G.Bl. 1904, S. 139):

Beschluß d. R.: 1. Februar 1899.	
	Neuwahl / Ende d. Leg.-Per.*): 16. Juni 1903.
	Zusammentritt: 3. Dezember 1903.
Sanktion: 8. März 1904.	
Ausfertigung: 8. März 1904.	
Publikation: 10. März 1904.	

*) Legislaturperiode gerechnet vom Tage der Neuwahlen.

9. Militärstrafgerichtsordnung vom 1. Dezember 1898 (R.G.Bl. 1898, S. 1189):

Beschluß d. R.: 4. Mai 1898.	
Sanktion: 20. Mai 1898.	
	Ende d. Leg.-Per.: *) 15. Juni 1898.
	Neuwahl: 16. Juni 1898.
Ausfertigung: 1. Dezember 1898.	
	Zusammentritt: 6. Dezember 1898.
Publikation: 15. Dezember 1898.	

10. Gesetz, betr. die Stimmzettel für öffentliche Wahlen, vom 12. März 1884 (R.G.Bl. 1884, S. 17):

	V. Legislaturperiode.
Beschluß d. R.: 31. Januar 1883.	**2. Session: 27. April 1882 bis 12. Juni 1883.**
Sanktion: unbekannt.	**3. Session: 29. Aug. bis 1. Sept. 1883.**
Ausfertigung: 12. März 1884. **Publikation: 20. März 1884.**	**4. Session: 6. März bis 28. Juni 1884.**

11. Gesetz, betr. die Abänderung des Zolltarifs, vom 6. März 1899 (betrifft die zollmäßige Behandlung des Seidenpongées) (R.G.Bl. 1899, S. 133):

	X. Legislaturperiode.
Beschluß d. R.: 1. Februar 1899 **Sanktion: unbekannt.** **Ausfertigung: 6. März 1899.** **Publikation: 11. März 1899.**	**1. Session: 6. Dezember 1898 bis 12. Juni 1899.**

B. Königreich Preußen.

1. Gesetz, betr. die Einrichtung des Salzverkaufs in den Hohenzollernschen Landen, vom 13. Dezember 1858 (Ges.-Samml. 1858, S. 606):

	IV. Legislaturperiode.
	Wahl d. Abg.: 8. Oktober 1855.
Beschluß beider Häuser des Landtags während der	**1. Session: 1855/56.** **2. „ 1856/57.** **3. „ 1858 (Januar-April).** **a. o. „ 1858 (Oktober).**
	V. Legislaturperiode.
	Wahl d. Abg.: 23. November 1858.
Sanktion: 13. Dezember 1858.	
Publikation: 16. Dezember 1858.	
	1. Session: 1859 (Januar-Mai).

2. Gesetz, betr. den Rechtszustand einiger vom Fürstentum Lippe-Detmold an Preußen abgetretener Gebietsteile in den Kreisen Herford, Bielefeld und Höxter sowie die Abtretung einiger Preußischer Gebietsteile an Lippe-Detmold, vom 9. Mai 1888 (Ges.-Samml. 1889, S. 5):

	XVI. Legislaturperiode.
Beschluß beider Häuser des Landtags während der Sanktion: 9. Mai 1888 durch König Friedrich III.).	3. Session: 1888 (14. Januar bis 26. Mai).
	a. o. Session: 1888 (Juni).
	XVII. Legislaturperiode.
	Wahl d. Abg.: 6. November 1888.
Publikation: 22. Januar 1889. (durch König Wilhelm II.).	1. Session: 1889 (14. Januar—April).

3. Gesetz, betr. die Pensionsberechtigung der Gemeindeforstbeamten in der Rheinprovinz, vom 11. September 1865 (Ges.-Samml. 1865, S. 989):

Beschluß beider Häuser des Landtags während der	V. Legislaturperiode. 3. Session: 1861 (Januar—Juni).
	VI. Leg.-Per.: 1862.
	VII. Leg.-Per.: 1862/63.
	VIII. Legislaturperiode.
	1. Session: 1863/64.
	2. „ 1865 (Januar—Juni).
Sanktion: 11. September 1865.	
Publikation: 9. Oktober 1865.	
	3. „ 1866 (Januar—Februar).

4. Gesetz, betr. den Rechtszustand der von dem Königreich Württemberg an Preußen abgetretenen Gebietsteile sowie die Abtretung Preußischer Gebietsteile an das Königreich Württemberg, vom 27. Februar 1884 (Ges.-Samml. 1885, S. 165):

	XV. Legislaturperiode.
	Wahl d. Abg.: 26. Oktober 1882.
Beschluß beider Häuser des Landtags während der	2. Session: 1883/84 (bis Mai).
Sanktion: 27. Februar 1884.	
	3. „ 1885 (Januar—Mai).
Publikation: 15. Juni 1885.	
	XVI. Legislaturperiode.
	Wahl d. Abg.: 5. November 1885.
	1. Session: 1886.

C. Königreich Württemberg.

1. Gesetz in betreff der Aufbringung des Bedarfs von Pferden für den Fall der Mobilmachung des Königlichen Truppenkorps, vom 11. März 1855 (R.Bl. 1855, S. 63):

Beschluß beider Kammern des Landtags auf dem	14. Landtag: 1848.
	15. „ 1848/49.
	16. „ 1849.
	17. „ 1850.
	18. „ 1850.
Sanktion: 11. März 1855. Publikation: 16. März 1855.	19. „ 1851 bis 21. Aug. 1855.

2. Revidiertes Gesetz betreffend die Aufbringung des Bedarfs von Pferden für den Fall der Mobilmachung des Königlichen Truppenkorps, vom 15. Mai 1859 (R.Bl. 1859, S. 87):

Beschluß beider Kammern des Landtags auf dem	19. Landtag: 1851/55.
Sanktion: 15. Mai 1859. Publikation: 19. Mai 1859.	20. „ 1856/61.

3. Gesetz über die Stellung unter polizeiliche Aufsicht nach erstandener Strafe, vom 19. November 1858 (R.Bl. 1860, S. 11):

Beschluß beider Kammern des Landtags auf dem Sanktion: 19. November 1858. Publikation: 19. März 1860.	20. Landtag: 1856/61.

D. Großherzogtum Hessen.

1. Gesetz zur Abänderung des Gesetzes, die Ausführung der deutschen Strafprozeßordnung betreffend vom 9. Juni 1879, vom 17. März 1903 (R.Bl. 1903, S. 209):

Beschluß beider Kammern des Landtags auf dem	31. Landtag. Zusammentritt: 20. Dezember 1899. Schluß: 11. Juli 1902.
	32. Landtag. Wahl der Abg.: 8. November 1902. Zusammentritt: 24. November 1902.
Sanktion: 17. März 1903. Publikation: 1. April 1903.	

2. Gesetz, die Errichtung und Leitung von technischen Privatunterrichtsanstalten betreffend, vom 23. Dezember 1905 (R. Bl. 1906, S. 1):

Beschluß beider Kammern des Landtags auf dem	32. Landtag. Zusammentritt: 24. November 1902. Schluß: 25. Oktober 1905. 33. Landtag. Wahl d. Abg.: 24. November 1905. Zusammentritt: 19. Dezember 1905.
Sanktion: 23. Dezember 1905. Publikation: 8. Januar 1906.	

3. Gesetz, die Räumungsfristen bei der Wohnungsmiete betreffend, vom 6. Januar 1906 (R. Bl. 1906, S. 9):

Beschluß beider Kammern des Landtags auf dem	32. Landtag. Zusammentritt: 24. November 1902. Schluß: 25. Oktober 1905. 33. Landtag. Wahl d. Abg.: 24. November 1905. Zusammentritt: 19. Dezember 1905.
Sanktion: 6. Januar 1906. Publikation: 15. Januar 1906.	

4. Gesetz, das Spiel in außerhessischen Lotterien betreffend, vom 14. Februar 1906 (R. Bl. 1906, S. 46):

Beschluß beider Kammern des Landtags auf dem	32. Landtag. Zusammentritt: 24. November 1902. Schluß: 25. Oktober 1905. 33. Landtag. Wahl d. Abg.: 24. November 1905. Zusammentritt: 19. Dezember 1905.
Sanktion: 14. Februar 1906. Publikation: 24. Februar 1906.	

5. Gesetz, die Landwirtschaftskammer betreffend, vom 16. Mai 1906 (R. Bl. 1906, S. 143):

Beschluß beider Kammern des Landtags auf dem	32. Landtag. Zusammentritt: 24. November 1902. Schluß: 25. Oktober 1905. 33. Landtag. Wahl d. Abg.: 24. November 1905. Zusammentritt: 19. Dezember 1905.
Sanktion: 16. Mai 1906. Publikation: 16. Juni 1906.	

FSC
www.fsc.org
MIX
Papier | Fördert
gute Waldnutzung
FSC® C083411

Kolibri 360 GmbH
Ferdinand-Jühlke-Straße 7
99095 Erfurt, Deutschland
produktsicherheit@kolibri360.de